두근두근
카라코람
실크로드

**10대에게 주는 엄마의
중앙아시아 여행 선물**

**두근두근
카라코람
실크로드**

10대에게 주는 엄마의
중앙아시아 여행 선물

펴낸날 | 2025년 6월 30일

지은이 | 최현숙

교열 | 추경애
디자인 | Jipeong
마케팅 | 홍석근

펴낸곳 | 도서출판 평사리 Common Life Books
출판신고 | 제313-2004-172 (2004년 7월 1일)
주 소 | 경기도 고양시 덕양구 중앙로558번길 16-16, 7층
전 화 | 02-706-1970 팩 스 | 02-706-1971
전자우편 | commonlifebooks@gmail.com

글, 사진 ⓒ 최현숙, 2025
ISBN 979-11-6023-356-8 (03910)

잘못된 책은 바꾸어 드립니다.
책값은 뒤표지에 있습니다.

두근두근 카라코람 실크로드

10대에게 주는 엄마의 중앙아시아 여행 선물

최현숙 지음

평사리
Common Life Books

여행을 꿈꾸는 벗에게

　새로운 것을 만나고 연결과 자유를 경험할 수 있는 여행은 설렌다. 오래도록 가슴에 품어 왔던 카라코람 하이웨이 실크로드를 따라 중앙아시아 지역을 여행하기 위해 길을 떠났다. 여행사의 단체 배낭여행 팀과 함께한 한 달간 여행이었다. 지금부터 1300여 년 전 신라시대 혜초 스님이 봇짐을 지고 고대 인도를 방문하며 넘었던 길도 바로 카라코람 실크로드였기에 더욱 의미가 컸다.

　인도 델리에서 출발해 눈이 부시도록 반짝이는 황금 사원 암리차르, 파키스탄의 아보타바드에서 시작해 중국 신장웨이우얼 카슈가르까지 1,200km로 이어지는 카라코람 하이웨이, 키르기스스탄, 실크로드의 중심에 있던 우즈베키스탄의 사마르칸트, 부하라, 히바 등을 다녀오면서 중앙아시아 국가의 정체성인 유목성·이슬람·다문화를 경험했다. 종교와 문화, 사상, 예술이 교류했던 실크로드에서 인간의 위대함과 경이로운 자연에 감동하고 긴장감으로 두근거렸다.

지나는 모든 곳은 인더스강과 히말라야·카라코람·힌두쿠시 산맥으로 둘러싸인 길이었다. 그 길 가운데 훈자마을에서 만난 순박한 아이들의 표정과 눈빛은 세상을 밝히는 빛이었다. 순수한 미소와 웃음은 희망과 기쁨을 주었다.

중앙아시아 지역은 우리에게 많이 알려지지 않은 곳이지만, 우리나라 문화와 경제에 대해 관심이 많은 사람들이 있는 곳이다. 쉽고 즐겁게 여행하는 기분으로 읽을 수 있도록 여행기를 썼고, 사이사이에 인문학적인 정보를 담아 궁금한 점을 해소할 수 있도록 해놓았다.

우리 10대 청소년들이 책을 읽고 몰랐던 세계와 역사를 알고 사고의 폭을 확장했으면 좋겠다. 그리고 우리 곁에 와 있는 중앙아시아 유학생이나 이주노동자에 대해 따뜻한 관심을 갖고 공존할 수 있는 포용성으로 안아주기를 바란다.

최현숙

차례

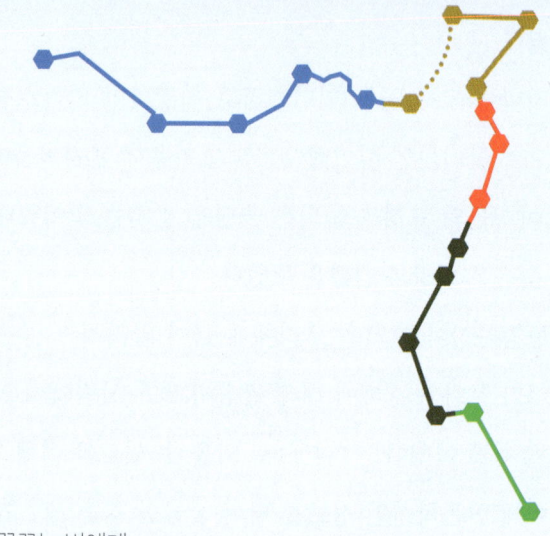

여행을 꿈꾸는 벗에게 4

1부 인도

1일 인천공항에서 인도 델리로
마리골드 목걸이를 목에 걸자마자 14

2일 델리에서 암리차르까지
힌두 사원 악샤르담, 무굴제국의 황궁 레드포트 16

3일 암리차르에서 파키스탄 국경 넘기
인도와 파키스탄 국기 하강식을 한 곳에서 24

2부 파키스탄

3日   국경 넘어 파키스탄
       펀자브 P, 아프간 A, 카슈미르 K, 신드 S, 그래서 파키스탄
       PAKiStan 34

4日   라호르에서 이슬라마바드로
       인더스강은 인도로 흐르지 않는다 37

5日   이슬라마바드에서 탁실라, 나란으로
       간다라, 그리스의 신처럼 불상을 조각하다 49

6日   나란에서 길기트로
       천 길 낭떠러지 옆으로 양 떼, 당나귀, 자동차들 56

7日   나란에서 길기트로
       산사태 복구에 쓰이는 한국산 포크레인 59

8日   길기트에서 훈자마을로
       1000년 전 실크로드 상인들의 숙소, 가니쉬 66

9日   훈자의 발티트성, 이글스네스트, 알티트성
       〈바람의 계곡 나우시카〉의 무대, 훈자 72

10日   훈자에서 호퍼마을, 나가르 밸리로
       멀리 설산이 솟고 거뭇한 빙하가 흘러내리는, 호퍼마을 80

11日   훈자의 암각화, 아타아바드호, 파수 빙하
       3~4천m를 오르내리다, 카라코람 하이웨이 89

3부 중국 신장웨이우얼

12日 소스트에서 쿤자랍 고개를 넘어 타슈쿠르간으로
  봉인 스티커가 붙은 차를 타고 쿤자랍 고개를 넘다 100

13日 타슈쿠르간에서 카슈가르로
  신라의 혜초가 머물렀던 불교 순례지, 석두성 106

14日 동서양의 교차로 카슈가르
  천년의 비파 소리에 남은 뼈조차 향기롭네, 향비원 116

4부 키르기스스탄

15日 카슈가르에서 토르갓 고개를 넘어 타쉬라밧으로
  유르트에서 태어나 유르트에서 죽다 130

16日 타쉬라밧에서 촐폰아타로
  톈산산맥 기슭 얼지 않는 호수 이식쿨의 노을 139

17日 페트로글리프스 암각화, 초원의 등대 부라나탑
  이태백의 고향은 초원의 등대 부라나탑이 있는 곳 142

18日 비슈케크의 알라아르차 국립공원, 알라 투 광장, 오슈 바자르
  집마다 한 명은 외국에 나가 돈을 버는 나라 149

19日 비슈케크에서 오슈로
  로마보다 더 오래된 도시, 오슈 160

20日 오슈의 술레이만 성산
  연둣빛 새순 같은 아이들의 웃음소리 162

5부 우즈베키스탄

21日 오슈에서 페르가나로
  자동차는 흰색, 들판은 하얀 솜이 달린 목화밭 **168**

22日 페르가나의 목화밭, 타슈켄트로 이동
  여행길 천사와 소련 몰락 후에도 아픈 고려인들 **174**

23日 타슈켄트 첫째 날
  고선지 장군의 패배와 종이 제작법의 전수 **185**

24日 타슈켄트에서 사마르칸트로
  티무르 제국의 중심지, 사마르칸트 **194**

25日 사마르칸트 둘째 날
  내가 이 관을 나가는 날, 세상은 혼돈에 빠진다 **199**

26日 사마르칸트에서 부하라로
  타임머신을 타고 1, 12, 13, 15, 17세기 부하라로 **213**

27日 역사가 스며 있는 부하라
  몽골, 투르크족, 소련 등에 숱하게 침략당하면서도 **221**

28日 비단길의 풍요로움, 히바
  히바의 골목길을 걷고 또 걸었다 **227**

29日 히바의 푸른 하늘과 이찬칼라
  신학교 마드라사, 여성 공간 하렘, 213개 기둥, 미나렛 **235**

30日 히바의 사막투어
  광활한 지평선과 하늘이 맞닿은 사막의 일몰 **241**

중앙아시아가 궁금해(1~34)

1부 인도
問1   인도로 간 우리나라 광복군이 있었다고?   **20**
問2   시크교도를 상징하는 다섯 가지 물건은 무엇일까?   **26**
問3   인도와 동·서파키스탄은 어떻게 분리됐나?   **31**
問4   파키스탄 화폐의 주인공 무하마드 진나는 어떤 사람일까?   **35**

2부 파키스탄
問5   인더스 문명이 일어난 유적은 인도가 아닌 지금의 파키스탄 땅에 있다고?   **43**
問6   간다라미술이란?   **52**
問7   파키스탄에서는 왜 트럭에 알록달록 치장을 할까?   **62**
問8   훈자의 물을 먹으면 정말 오래 살 수 있을까?   **74**
問9   알티트성이 티베트의 포탈라궁과 닮았다고?   **77**
問10   카라코람 하이웨이는 어떤 길일까?   **91**
問11   카라코람 하이웨이는 왜 '죽음의 도로'라는 별명이 붙었고, 산사태는 왜 일어난 걸까?   **93**

3부 중국 신장웨이우얼
問12   신장웨이우얼의 시간은 왜 베이징보다 2시간 차이가 날까?   **103**
問13   신장웨이우얼은 어떻게 중국의 지배를 받게 됐을까?   **103**
問14   실크로드란?   **107**
問15   낙타는 왜 홀로 사막을 걸어가고 있었을까?   **109**
問16   파미르고원의 유목민에게 야크는 어떤 동물일까?   **118**
問17   비극적 운명을 가진 '향비'의 진실은 무엇일까?   **120**

4부 키르기스스탄

問18 키르기스스탄의 옛이야기 《지혜로운 소년》에 나오는 '빗, 바늘, 거울'이 상징하는 것은 무엇일까? **132**

問19 유목민에게 가장 완벽한 집 유르트에는 어떤 정신이 담겨 있을까? **137**

問20 당나라 시인 이태백의 고향이 키르기스스탄이라고? **147**

問21 키르기스스탄에서 만드는 아트바시 꿀은 왜 흰색일까? **154**

問22 2013년 유네스코 인류무형문화유산으로 등재된 키르기스스탄의 대서사시 《마나스》는 어떻게 문자가 아닌 기억으로만 전해지게 됐을까? **156**

問23 여성인 쿠르만잔 다트카는 왜 키르기스스탄 50솜 화폐의 주인공이 되었을까? **157**

5부 우즈베키스탄

問24 우즈베키스탄에 하얀색 자동차가 많은 이유는? **169**

問25 실크를 얻기 위해 누에고치를 끓는 물에 넣는 이유는 뭘까? **171**

問26 목화가 불러온 아랄해의 비극은 언제나 멈출까? **176**

問27 1937년, 고려인 강제 이주를 어떻게 기억해야 할까? **183**

問28 사마르칸트 종이는 어떻게 만들어졌을까? **188**

問29 아무르 티무르는 어떤 인물? **202**

問30 비비하눔 그녀는 정말 건축가와 키스했을까? **204**

問31 아프라시압박물관 벽화에 있는 사신은 고구려·백제·신라 중 어디에서 온 사신일까? **210**

問32 이슬람 도시인 부하라에 유대인 회당 시나고그가 있는 이유는 뭘까? **219**

問33 히바에서는 사람이 죽으면 땅을 파서 묻지 못하게 했다는데, 왜 그랬을까? **233**

問34 중앙아시아에 암석사막이 많은 이유는? **243**

일러두기

• 중앙아시아의 나라 이름, 도시 이름, 유적 이름 등은 가능한 외래어표기법에 따랐다.

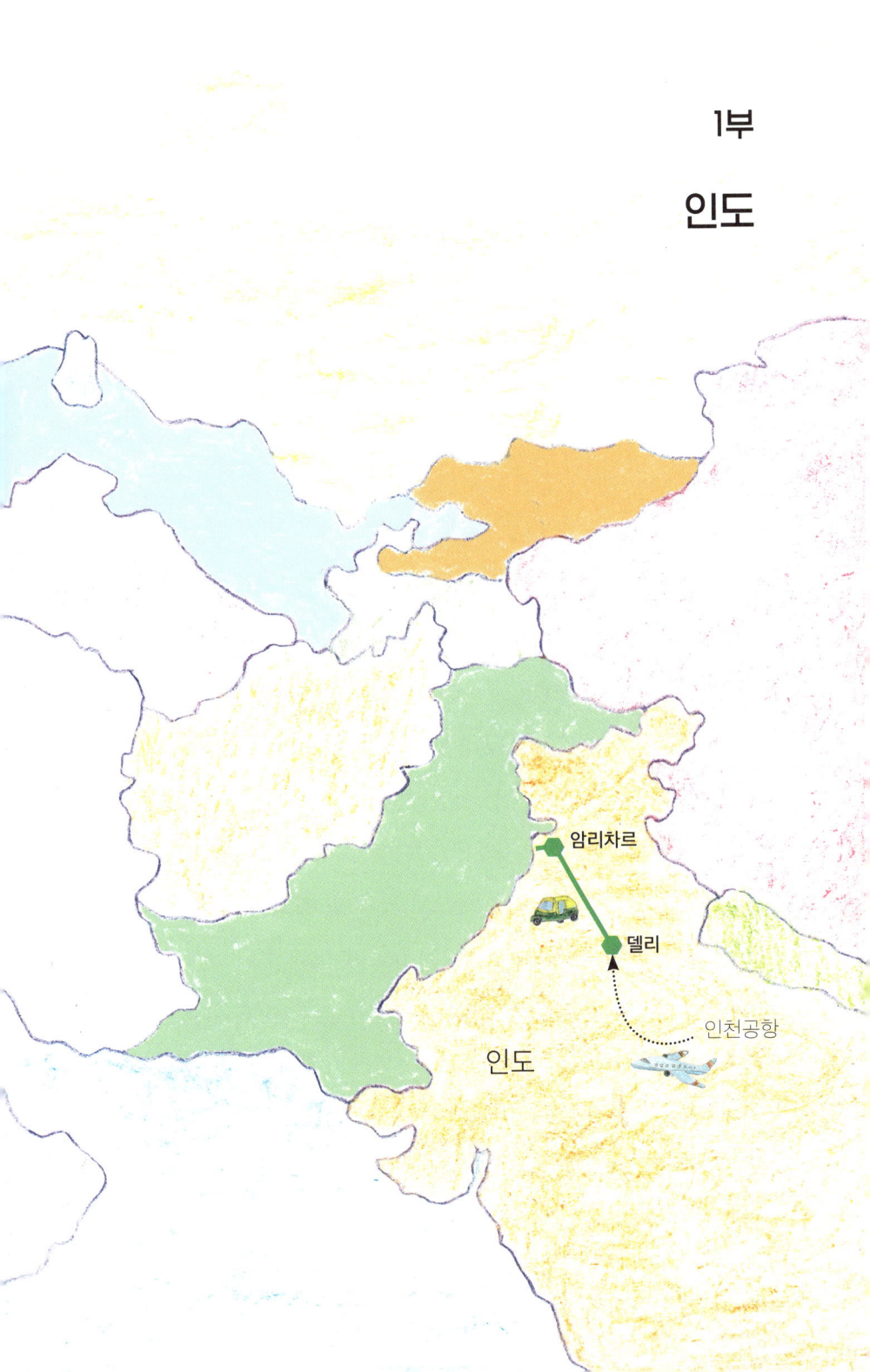

1日 인천공항에서 인도 델리로

마리골드 목걸이를 목에 걸자마자

마살라 향으로 다가온 델리

인천공항에서 출발한 인도 델리행 비행기는 7시간 정도 지나 인디라 간디 국제공항에 도착했다. 입국 수속을 마치고 출국장으로 나가자 훅 끼쳐 오는 인도 특유의 냄새, 마살라 향 같은 냄새가 반가웠다. 인도인이 주로 먹는 마살라는 양념이라는 뜻인데 강황을 비롯해 후추, 정향, 계피, 육두구, 카다멈 등 여러 가지를 섞어 만든 배합 향신료다. 채소나 고기 등으로 맛을 낼 때도 넣고, 밀크티인 짜이를 끓일 때도 마살라는 빠지지 않는다. 그래서인지 인도의 골목을 걸으면 마살라 향이 느껴지는 것 같다.

10대 청소년을 위한 인도 여행기《달라도 괜찮아, 인도잖아》를 출간하기 위해 두 차례 인도를 먼저 여행한 적이 있다. 그때 인도 날씨가 더워서 현지인들이 입는 얇고 헐렁한 면 원피스를 사 입었다. 가볍고 시원한 데다 땀 흡수도 잘 되고 현지인과 동화되는 느낌이었다. 카라코람 하이웨이 실크로드를 가는 경유지로 델리에 가면서 그때 입었던 원피스를 다시 입었다. 환전을 해 주던 인도 청년은 내게 인도 스타일이라며 엄지척을 해 주었다. 그가 내민 마리골드 목걸이를 목에 걸자 꽃잎의 촉감은 무사히 인도에 도착했다는 안도감처럼 부드러웠다.

2日 델리에서 암리차르까지

힌두 사원 악샤르담, 무굴제국의 황궁 레드포트

맨발로 걸어야 하는, 힌두교 최대 사원 악샤르담

아침 일찍 숙소를 나와 힌두교 최대 사원이라는 악샤르담을 찾았다. 오전 10시부터 문을 연다고 하기에 기다리는 동안 주변 마을을 돌며 현지인의 일상을 엿보았다. 낡은 흑백 사진처럼 남루한 뒷골목 주택의 지붕 위에는 빨래가 펄럭이고, 다리 교각 밑에는 나무판자를 주워 와 얼기설기 엮은 판잣집에도 사람이 살고 있었다. 뭐 도둑맞을 게 있다고 자물쇠까지 채워놓았나 생각하다가도 나 같은 타인이 함부로 판단해서는 안 되겠다는 생각이 들었다. 누구에게나 자신의 소중한 삶이 담긴 물건들은 의미 있기 때문이다.

먼발치에서 악샤르담을 바라보며 도로를 따라 걷다가 입구에 도착했다. 악샤르담은 2001년 완공된 세계 최대 규모의 힌두교 성지다. 사진 촬영이 금지라 핸드폰은 물론 가방도 가져가서도 안 되는 곳이다. 이른 시간인데도 수많은 사람이 줄을 서서 기다리고 있었다. 경비도 삼엄해 들어갈 때는 X-ray 투시기로 검색하는데 마치 공항 검색대를 통과하는 듯 긴장감에 주눅이 들었다. 성스러운 곳이기에 반바지나 짧은 치마, 팔이 드러나는 옷을 입으면 들어갈 수 없어 복장을 갖추지 못한 관람객을 위해 옷을 빌려준다.

이곳의 특별한 점은 인도의 유명한 다른 유적지가 외국인에게 10~15배의 관람료를 받는 데 비해 이곳만은 무료다. 철제와 콘크리트를 사용하지 않고 대리석과 붉은 사암만으로 건축했다. 이슬람, 페르시아, 힌두의 건축양식이 혼합된 정교함과 균형미가 돋보이는 조각들이 가득하고 연꽃 모양의 아름다운 정원, 사원 둘레로 조각해 놓은 수백 마리는 됨직한 코끼리 조각상이 있는 곳이다.

사원 계단을 오르고 회랑을 돌 때는 신발을 벗은 후 맡기고 맨발로 다녀야 한다. 햇볕에 달궈진 대리석 바닥에 발을 디디면 뜨거울 때도 있고 대체로 따끈따끈하다. 마침 갑자기 비가 쏟아졌다가 멈추기를 반복하며 뜨거운 열기를 식혀 주어 걷는데 불편하지 않았다. 나는 구경꾼으로 성지를 관람했지만 현지의 인도인들이 진지하게 기도하는 모습을 보며 그들의 신앙인 힌두교에 대해 생각했다.

힌두교는 사람이 태어나면서부터 계층으로 나누고, 그에 따라 지위, 직업이 정해지는 엄격한 카스트라는 사회적 구조를 유지했다. 인도의 문화와 사회에 영향을 끼쳤다. 힌두교의 최종 목표는 생명이 있는 것은 죽어도 다시 태어나 생이 반복되는 윤회의 사슬에

악샤르담 가는 길

서 벗어나는 해탈이다. 카스트는 불평등을 정당화하고 타고난 운명이 정해져 있다는 숙명론을 강화하는 불합리한 제도다. 예전보다 나아졌다고 하지만 현대 문명이 발전한 지금도 인도인의 가치관을 지배하고 있다니 참 이해하기 어렵다.

델리국립박물관,
고대 인도인의 예술·종교·과학·삶이 담긴 유물들

악샤르담을 나와 인도 델리국립박물관으로 갔다. 박물관은 한 나라의 역사·예술·문화·고고학과 관련된 유물이 있는 곳이라 여행지에서 박물관을 찾으면 그 나라의 역사를 이해하는 데 도움이 된다. 외국인은 1인당 650루피, 자국민은 20루피를 받는 박물관은 입구부터 체험 학습을 나온 학생들과 단체로 온 군인들로 꽉 차 있고 일반 관람객은 거의 보이지 않았다.

박물관 1층에는 인도 왕조의 유물을 시대순으로 전시하고, 2층에는 인도와 중앙아시아에서 발굴한 유물과 코끼리 상아에 정교하게 조각한 부처의 일생, 3층에는 서양의 유물이 있었다. 박물관의 대표 유물인 금으로 만든 탑 안에 모셔진 부처의 진신사리를 비롯해 인도 문화를 한눈에 볼 수 있는 이곳은 볼거리가 참 많다. 시간이 부족해 충분히 볼 수 없어 아쉬움이 크다.

박물관 건물 앞에 아소카 대왕의 칙령이 새겨진 큰 바위 하나가 있다. 왕위 계승 다툼과 수많은 정복 전쟁으로 많은 피를 보았던 아소카 대왕이 불교에 귀의한 후 선포한 계율 중 첫 번째가 "살생하지 말라"라는 것이다. 이 가르침은 과거가 아닌 지금, 이 시대에도 필요하다.

올드 델리의 레드포트에 우리 광복군이

인도의 수도 델리는 보통 올드 델리로 알려진 '델리'와 영국이 만든 계획도시 '뉴델리', 그리고 그 주변 지역으로 구성된다. 올드 델리는 무굴제국과 관련된 유적지가 많다. 특히 '붉은 요새 복합 건물'이라는 뜻의 '레드포트'는 제2차 세계대전 당시 인도에 주둔한 영국군 총사령부로 사용됐고 인도의 마지막 왕이 거주하다 쫓겨난 곳이기에 망국의 한이 담겼다. 일제강점기에 독립운동하던 우리나

레드포트

라 광복군이 활동한 곳이기도 하다. 이곳에서 조국 광복을 위해 그들이 했던 일들을 생각하니 코끝이 시큰해지고 가슴이 묵직했다.

問1 인도로 간 우리나라 광복군이 있었다고?

태평양 전쟁이 한창일 무렵인 1942년 가을, 콜린 매켄지 영국 사령관과 김원봉 대한민국 임시정부 군무부장, 광복군 부사령관이 만났다. 일본과 치열한 공방전을 벌이던 영국군 입장에서 선무방송이나 특수전에서 광복군은 매우 필요한 병력이었기 때문이다. 먼저 2명의 대원이 인도·버마 전선에 뛰어들어 한 달 남짓 첩보 업무를 수행했다. 성과가 나쁘지 않았는지 영국군은 더 많은 인원을 요구했다. 한국인은 일본인과 외모가 비슷하고 일본어도 능통한 데다 항일의식이 투철하고, 뛰어난 신체 조건에 명석한 두뇌로 학습 능력을 갖춘 최정예 요원이었기 때문이다.

1943년 8월 중국 충칭을 떠난 9명의 광복군은 델리 레드포트에서 군사훈련·문서 번역·암호해독·영어 등을 3개월간 체계적으로 교육받았다. 이 과정에서 광복군에게 영어를 가르쳐준 사람이 바로 미국인 선교사 프랭크 윌리엄스다. 그는 충남 공주에서 유관순이 다녔던 영명학교를 세웠고, 35년간 우리 땅에 머물며 식민지 우리 국민에게 사랑을 베풀다 일본에 의해 1940년 11월 강제로 추방당했다. 그런 그가 인도에서 영어를 배우러 온 우리 광복군을 다시 만났으니 얼마나 반갑고 극적이었을까. 비록 일본의 항복으로 연합군과 우리 땅에 상륙해 독립을 얻어내려고 했던 계획은 좌절됐지만 그 정신은 우리가 꼭 기억해야 한다.○

시크교의 성지 암리차르

시크교의 성지 암리차르에 가기 위해 델리역으로 갔다. 많은 사람들로 북적였고, 대합실에 앉을 자리가 부족하니까 사람들은 바닥에 앉아 있거나 누워있었는데, 심지어 철로 옆 플랫폼에서 자는 사람도 있었다. 위험해 보이기도 하지만 얼마나 피곤하면 기다리다 지쳐 잠이 들었을까 싶은 생각도 들었다.

　기차는 오후 4시 30분 델리역에서 출발해 밤 11시 30분 인도 북부 파키스탄과 인접한 암리차르에 도착했다. 인도 기차는 연착하기로 유명한데 7시간 만에 정확하게 도착하니 오히려 이상할 지경이었다. 기찻길 옆 마을은 남루했지만 텃밭에는 부지런한 농부의 손길로 온갖 채소들이 쑥쑥 자라고 있었다. 기차가 출발한 지 1시간쯤 지나 샌드위치와 탈리 도시락, 아이스크림 등을 받았다. 도시락 뚜껑이 열리자 마살라 향이 기차 안에 가득해졌다. 현지의 음식을 먹는 것도 여행의 일부분이기에 맛있게 먹어야 했지만 향이 비위에 맞지 않아 먹다가 남겼다.

　승객 중에는 시크교도가 많은지 빨간색, 하얀색, 노란색 등의 터번을 쓰고 수염을 멋지게 기른 남자 승객이 많았다. 내가 앉은 자리의 통로 건너편에 사리를 입은 인도 할머니는 내 생긴 모습이 이상하게 보였는지 힐끗 보다가 아예 빤히 쳐다봐서 무안했다. 어두운 피부색에 깊은 주름과 쑥 들어간 눈을 가진 할머니는 나스랑이라는 코걸이를 하고 있었다. 예쁘다는 생각보다 코를 뚫을 때 아프지는 않았을까? 세수할 때 불편하지 않을까 하는 엉뚱한 생각이 들었다. 미의 기준은 시대와 지역의 문화에 따라 다르지만 인도 여인들

델리 기차역

은 대체로 내 눈에 다 예뻐 보였다. 특히 어린아이들은 인형처럼 예뻐 자꾸 눈길이 갔다.

　암리차르 기차역에 내렸을 때는 어둠이 내린 늦은 밤이었지만 기대했던 암리차르의 황금 사원을 보게 된다는 설렘을 이불 삼아 덮고 잠을 청했다.

3日 암리차르에서 파키스탄 국경 넘기

인도와 파키스탄 국기 하강식을 한 곳에서

아름답고 평화로운 시크교 황금 사원의 아침

　아침 일찍 가면 일출을 볼 수 있어 새벽 5시 30분 택시를 불러 시크교의 성지 황금 사원으로 갔다. 어둠 속에서 출발한 택시는 20분 정도 달려 사원 입구에 도착했다. 암리차르는 시크교의 4대 지도자인 람 다스가 1577년에 건설했다. 24시간 개방하는 황금 사원 대리석 바닥에는 먼지 한 톨 앉을 수 없을 만큼 깨끗했다. 그런데 어디서 있다 나타났는지 개들이 시끄럽게 짖어댔다. 팔자 좋게 드러누워 있던 놈들까지 가세해 난리였다.

　사원은 동서남북 4개 방향으로 출입문이 있는데, 인도의 신분제도인 카스트나 인종과 종교에 상관없이 누구나 들어갈 수 있는 관용의 정신을 품고 있는 예배 장소. 기도와 음악 소리에 이끌려 번쩍번쩍 빛나는 황금 사원으로 들어가려는 데 빨간 터번을 쓴 시크

암리차르 황금 사원

가 손짓했다. 무슨 일인가 했더니 여성은 머리에 베일이나 수건을 써야 한다는 거다. 난감해하는 내게 그는 주황색 스카프를 건네주었다.

  사원에는 하얀 대리석이 깔려있고 바닥에 엎드려 기도하는 신자들이 많았다. 기도를 끝내고 바닥에 누워 잠을 자는 사람, 사원을 떠나고 다시 들어오는 사람으로 혼잡했다. 계단을 따라 내려가니 눈부신 황금 지붕이 눈에 들어왔다. 시크교 왕국 통치자의 기부로 만든 황금 지붕은 아침 햇살에 반사되어 연못에 반짝거렸다. 화려한 조명이 신비스럽고 절로 경외감이 생겼다. 종교는 도대체 어떤 힘으로 사람들의 마음을 하나로 묶어 이런 아름다운 풍경을 만들어 내는 걸까?

  황금 사원을 나오면서 보니 무거운 철근을 어깨에 메고 가는 인부들, 쓰레기 더미를 뒤지며 생존을 이어가는 소들이 눈에 들어왔다. 사람들은 사원에서 어떤 기도를 했을까. 현재와 내일의 안녕을 기원하는 간절함은 모두 같을 것이다.

問2 시크교도를 상징하는 다섯 가지 물건은 무엇일까?

시크교는 힌두교와 이슬람교의 장점이 결합된 종교다. 힌두교의 우상숭배와 이슬람교의 형식적인 예배를 비판하면서 생겨났다. 시크교의 창시자 나나크는 1469년 펀자브 지방에서 태어났고 신의 이름을 끊임없이 부르는 사람은 누구나 해탈과 구원을 얻는다고 가르쳤다.

시크교도는 다른 사람을 도와줄수록 신에게 가까이 간다고 생각한다. 신은 인간을 누구나 평등하게 여긴다고 믿는다. 남자 시크는 긴 머리를 상투처럼 틀어 터번으로 감싸고 '싱'이라는 이름을 갖고, 여자는 '카우르'라는 이름을 갖는다. 시크교의 교리를 가르쳤던 지도자 고빈트 싱은 시크교의 신앙을 상징하는 다섯 가지 상징을 남자들에게 지니게 했다.

다섯 가지 상징물과 의미
① 케쉬(자르지 않은 머리카락): 자연을 해치지 않는 것이 신에 대한 헌신
② 캉가(나무 빗): 긴 머리를 깔끔하고 단정하게 하기

③ 카체라(흰 속옷): 정숙하고 깨끗하게 보이기

④ 카라(금속으로 만든 목걸이와 팔찌): 영원한 힘과 강한 힘

⑤ 키르판(짧은 칼): 교리를 지키도록 일깨우는 것

인도에서 파키스탄으로 국경 넘기

인도 펀자브주에 위치한 암리차르는 파키스탄 국경과 가까이 있다. 아침 일찍 서둘러 국경을 넘을 준비를 했다. 인도와 파키스탄 국경인 와가까지 버스로 한 시간 정도 이동했다. 톨게이트를 통과하자 국경 지역임을 느끼게 하는 군부대 담장과 위병소, 대포까지 보였다. 10분 정도 그런 분위기 속을 더 달렸다.

국경 부근에 도착하자 인도 군인들이 버스에 올라와 인원 점검을 했다. 왠지 주눅 드는 느낌이었고 긴장감 속에 출국 절차를 마쳤다. 그 와중에 인도 쪽 출국사무소의 여직원이 입을 벌리라고 한 뒤 물약을 한 방울 떨어뜨리더니 손짓으로 먹으라 했다. 영문도 모르

국경을 넘는 사람들

고 꿀꺽 삼키니 쓴맛이 입안에 확 퍼졌다. 아마도 방역 차원에서 예방약을 먹게 한 것 같은데 무슨 효과가 있을까 생각하면서도 분위기상 거부할 수도 없었다.

국경을 구분하는 철문 사이로 파키스탄 쪽에서는 기도 시간을 알리는 아잔 소리가 들렸다. 국경은 철문으로 돼 있고 양쪽 군인이 지키는 가운데 양쪽 국민이 왕래하고 있어 놀랐다. 휴전선으로 가로막힌 분단국인 우리나라에서는 상상할 수 없는 일이었다. 파키스탄 쪽에서 건너오는 어린아이가 2명이나 되는 가족이 무거운 짐을 들고나오고, 뒤이어 다른 사람들도 바리바리 짐을 싣고 나왔다. 여러 차례 엄격한 검문 과정을 거쳐 국경을 지나는 철문을 지나 파키스탄 땅으로 들어갔다. 어디선가 몰려온 짐꾼들이 짐을 서로 가져가려고 야단이었다. 일자리가 부족한 탓인지 힘든 일이라도 열심히 해서 살아가려는 사람들의 눈빛이 절실해 보였다.

예술 공연 같은 인도와 파키스탄의 국기 하강식

인도와 파키스탄의 국경 와가보드에는 국기 하강식을 참관하는 관람객들을 위한 큰 스타디움이 있다. 두 나라는 서로 더 높고 큰 국기 게양대를 만들기 위해 경쟁했고 게양대 위에는 나라를 상징하는 국기가 펄럭거렸다.

파키스탄으로 들어섰으니 당연히 파키스탄 쪽 스타디움을 찾았다. 입구에는 마치 야구 경기장에 입장하는 사람들을 위한 소품처럼 팔찌와 머리띠·국기·티셔츠 등 온갖 기념품을 팔고 있었다. 외국인인 내게는 파키스탄을 상징하는 초록색 머리띠와 손목에 매는 리본을 무료로 주었다. 스타디움 관중석에는 빈자리가 없을 정도로 사람들이 빼곡했다. 어디에 앉을지 두리번거리고 있는데 고맙게도 내가 외국인이라고 가장 잘 보이는 중간 앞자리로 양보해 주는 사람이 있었다. 어린아이 둘을 데리고 온 남자였다. 고맙다는 인사가 끝나기도 전 그는 아이들 손을 잡고 뒷자리로 옮겨갔다. 자신의 나라 파키스탄 국기 하강식을 찾아온 외국인을 위한 배려 같아 감동이 컸다.

스타디움에서 국기 하강식을 기다리는 양국 간의 치열한 기 싸움의 함성은 저녁 하늘을 조각낼 기세였다. 일몰 시각에 맞춘 오후 6시 하강식을 앞두고 양국은 1시간 동안 분위기를 고조시키는 사전 행사를 동시에 진행했다. 마치 경기장에 나온 국가대표팀을 응원하는 분위기였다. 관람석을 가득 채운 사람들은 도대체 어디서 다들 그렇게 모였는지…. 뜨거운 열기는 영원히 꺼지지 않을 불꽃 같았다. 파키스탄 관람석에 앉아 그들과 함께 환호하고 손뼉을 치며 호응하다 보니 마치 파키스탄 국민이 된 느낌이었다.

인상 깊었던 장면은 지뢰로 한쪽 다리를 잃은 남자가 파키스탄 국기를 들고 흔드는 몸짓이었다. 왜 그리 애잔하고 비장한 느낌이 드는지 내내 가슴이 먹먹했다. 국경·인종·종교·이해관계가 달라도 평화롭게 살 수는 없는 걸까? 전쟁은 일상을 파괴하고 희망을 갉아

국기 하강식

먹는다. 일부 위정자들이 결정한 전쟁은 평범한 아버지와 아들을 전쟁터로 내몰았다. 그 결과는 아무 죄가 없는 평범한 이들을 슬픔의 늪에 빠뜨린다. 그가 외발로 회전하기까지 수없이 많은 좌절의 순간이 있었을 것이다. 어쩌면 그가 한쪽 발로 지탱하며 중심을 잡는 노력은 바로 자기 자신을 오롯이 세우는 일이었을 것이다.

　파키스탄 쪽 하강식을 하러 앞장서서 나오는 군인들의 선두는 여군이었다. 여성을 차도르 속에 가둔다고 생각했던 파키스탄에서 여군들이 제일 앞에 있어서 의외였다. 남자 군인 역시 까만 복장에 검은색 부채 모자를 쓰고 절도 있는 과장된 몸짓과 발을 꺾었다가 앞으로 걸어차듯 요란하게 행진하는 모습이 인상 깊었다. 양국 관중의 함성과 뜨거운 열기 속에 이런 퍼포먼스가 끝나면 양쪽을 대표하는 군인이 악수하고 팔을 높이 세 번 올렸다 내렸다 했다. 그다음 아주 천천히 국기가 게양대에서 내려지고 의식은 끝났다.

파키스탄과 인도는 우리나라처럼 분단과 이산가족의 아픔이 있는 나라다. 그래도 국기 하강식을 전쟁의 긴장감 없이 공연예술처럼 펼치는 양쪽 나라의 모습이 한편 부러웠다. 1959년 처음 시작했을 때는 단순한 국기 하강식이었는데 이제 양국은 국경을 사이에 두고 평화와 협력의 축제 의식을 관중들에게 볼거리로 제공하고 있었다. 서로 핵무기를 가지고 있고 원수처럼 지내는 인도와 파키스탄 국민도 서로 왕래하는데 우리 민족의 현실은 그렇지 못하다 우리도 판문점에서 남과 북이 국기 하강식을 하면 어떨까 하는 엉뚱한 상상을 해 봤다.

問3 인도와 동·서파키스탄은 어떻게 분리됐나?

영국의 지배를 받았던 인도 식민지는 인도와 동·서 파키스탄으로 분리 독립했다. 파키스탄의 독립은 1947년 8월 14일, 인도는 하루 늦은 1947년 8월 15일이다. 영국이 힌두교가 주도하는 인도국민회의에 권력을 넘기고 인구가 많은 연합 주의 공식 언어를 힌두어로 정했을 때 이슬람교도는 힌두교도의 지배를 받을지 모른다는 위기감에 격렬하게 반발하며 무력 충돌을 벌였다. 특히 인도와 파키스탄의 국경지대인 카슈미르 지역은 그야말로 접전지가 됐다. 지리적으로 중요한 이 지역의 주민 80%는 이슬람교도인데, 지배계층은 힌두교도라는 게 더 큰 문제였다. 이런 움직임은 이슬람교도로 구성된 무슬림 연맹을 탄생시켰다. 결국 종교에 따라 힌두교를 믿는 인도와 이슬람교를 믿는 동·서 파키스탄으로 나뉘게 된 것이다.

문제는 인더스문명의 발상지인 서파키스탄과 동쪽의 벵골 지역에 있는 동파키스탄이었다. 종교만 이슬람이지 문화·인종·언어·역사 등이 달랐기 때문이다. 게다가 서파키스탄과 동파키스탄은 3,200㎢나 떨어져 있고 그 사이에 거대한 인도가 가로막았다. 게다가 주요한 정치권력을 서파키스탄 출신이 차지하면서 동파키스탄으로부터 쌀·쇠고기·생선 등 식량자원을 수탈하고 세금을 지나치게 부과했다. 인구는 동파키스탄이 더 많은데 배정된 예산은 40%에 불과했다. 사실상 서파키스탄의 경제적 식민지로 전락한 동파키스탄 주민들의 불만은 극에 달했다. 결국 동파키스탄은 서파키스탄과 9개월간 피의 전쟁을 치르고 1971년 승리했다. 동파키스탄은 인도 정부의 지원을 얻어 방글라데시로 독립했다.○

2부

파키스탄

훈자
길기트
이슬라마바드
라호르

파키스탄

3日 국경 넘어 파키스탄

펀자브 P, 아프간 A, 카슈미르 K, 신드 S, 그래서 파키스탄 PAKiStan

파키스탄은 순수함이 넘치는 땅

많은 사람들이 파키스탄 하면 여전히 위험한 나라로만 생각한다. 파키스탄 관련 검색어로 많이 나오는 것이 테러리스트, 탈레반, 총을 든 무슬림이다. 그래서 파키스탄으로 여행을 간다고 했을 때 위험하지 않냐고? 왜 그런 곳을 가려고 하냐고 했다. 하지만 여행지로서 많이 등장하는 파키스탄 관련 검색어는 '세계 최고의 장수마을 훈자, K2, 트래킹, 순수하고 친절한 사람들'이다. 나도 처음에는 걱정했는데 파키스탄의 순수한 자연과 선한 눈빛을 가진 사람들에게 점점 빠져 들었다. 특히 많은 여행자가 찾는 파키스탄 북부는 위험하지 않고 아름답고 평화로운 곳이다. 비록 경제 사정이 안 좋아 갑자기 전기 공급이 멈춰 버려 선풍기나 에어컨, 전등이 무용지물이 될 때도 있었지만 그것도 지나고 보니 추억이다.

'파키스탄'이라는 국명은 우르두어나 페르시아어로 해석할 때 '순수함이 넘치는 땅'이라는 뜻이 있다. 보통 중앙아시아에 있는 '~스탄'이라는 돌림자가 붙는 나라(예: 우즈베키스탄, 키르기스스탄, 투르크메니스탄, 카자흐스탄, 타지키스탄)의 이름은 모두 민족의 이름에서 땄는데, 스탄은 '그 민족의 땅'을 뜻한다. 파키스탄(Pakistan)의 국명은 무슬림들이 많이 살고 있는 펀자브(Punjab), 아프간(Afghan), 카슈미르(Kashmir), 신드(Sindh)에서 첫 글자를 가져와 발음을 쉽게 하도록 i를 넣었고 stan은 땅을 뜻하는 말로 나라 이름을 정했다.

問4 파키스탄 화폐의 주인공 무하마드 진나는 어떤 사람일까?

무하마드 진나는 인도와 파키스탄의 독립운동가이자 이슬람교 지도자였고, 인도국민회의의 주요 구성원이었다. 그는 부유한 이슬람 가정에서 태어나 인도 민족주의자가 되어 영국에서 유학했

파키스탄 화폐 주인공. 무하마드 진나

고, 변호사 자격을 취득해 인도로 귀국하여 무료 변론을 맡기도 했다. 그런데 인도국민회의 내 힌두교도들이 이슬람 신자들을 차별하자 1930년대부터는 이슬람 분리 독립운동을 시작했다. 영국 정부와 인도 총독부와는 별도로 1947년 파키스탄, 발루치스탄 및 동벵골 지역에 따로 파키스탄 자치령을 설치하고, 독립을 약속받았다. 안타깝게도 진나는 파키스탄이 영국에서 완전히 독립하는 것을 보지 못하고 죽었지만 파키스탄 건국의 아버지로 존경받고 있다.○

4日 라호르에서 이슬라마바드로

인더스강은 인도로 흐르지 않는다

무굴제국의 심장 라호르

파키스탄의 국경도시 라호르를 찾았다. 라호르는 한때 무굴제국의 수도였고, 시크 왕국의 수도였기 때문에 유적과 유물도 많은 도시로 자이나·힌두·이슬람·간다라와 불교 유적이 특히 많이 남아 있는 곳이다.

9월 중순인데도 기온은 38도, 체감온도는 42도, 헉! 소리가 나올 정도로 더웠다. 선거를 앞두고 있는지 라호르 시내 곳곳에는 정당별 인물의 공약과 구호가 붙은 현수막이 붙어 있고, 거리에도 시장에도 여성보다는 남성이 많았다. 오토바이를 타고 다니는 사람이 많았는데, 아이들과 부인까지 4명이 탄 모습도 보였다. 보수적인 이슬람 국가라 여성들이 얼굴을 제외한 온몸을 가리는 검은 차도르나 눈만 빼꼼히 내놓은 니캅, 눈 부위를 망사로 처리하고 온몸을

라호르 거리 풍경

가린 부르카를 입었다. 알록달록하게 장식한 트럭과 자동차를 보니 파키스탄에 와 있다는 것을 실감할 수 있었다. 하늘을 까맣게 수놓는 검은 독수리가 도심을 날아다니는 것도 신기했다.

파키스탄 최고의 라호르국립박물관

라호르에서 가장 먼저 방문한 곳은 '라호르국립박물관'이다. 이곳 역시 외국인에게는 현지인보다 20배가 넘는 입장료를 받고 있는데 파키스탄 최고의 박물관이라는 명성에 어울리는 훌륭한 유물이 가득했다. 선사시대부터 간다라, 인더스문명의 흔적이 담긴 유물은 물론 무굴제국 시대의 정교하고 화려한 유물이 가득했다. 악기와 장식품, 실크로드를 통해 들어온 중국의 도자기와 비단, 무기,

그림도 감상할 수 있었다.

 라호르 박물관의 대표 유물인 '고행하는 부처상'은 놀랍다. 높이 80cm 뼈와 가죽만 남은 부처상은 마르고 말라 혈관의 실핏줄까지 드러난 조각상이다. 부처가 해탈하기 전 단식하며 고행하던 시기의 모습이다. 부처상 아래 좌대 가운데에는 부처에게 드리는 공양 그릇이 올려진 기둥이 있고, 그 기둥을 중심으로 양쪽에 무릎 꿇고 앉아 공양하는 삭발한 승려 1명, 서 있는 사람 2명도 보였다. 부처는 일찍이 "삶은 고통이고, 고통을 만드는 것은 집착이니, 집착에서 벗어나는 것만이 해탈에 이르는 길이다"라고 했다. 삶의 고통을 직시하고 있는 듯 부처상은 삶을 어떻게 살아야 하는가 고민하며 성찰한 끝에 나온 모습 같아 경건해 보였다.

 또 이곳에서 빼놓을 수 없는 유물은 BC 3세기, 마우리아 왕조 시대 아소카왕 재위 중 제작한 석주 사자상이다. 기둥 꼭대기에는 힘·용기·자신감·믿음을 나타내는 네 마리의 사자가 등을 맞대고 동서남북을 향해 서 있는데, 우렁찬 목소리로 동서남북 온 세상에 불법을 전한다는 의미가 있다고 한다. 받침대에는 소·말·코끼리·사자와 24개 바큇살, 연꽃 모양의 법륜이 새겨져 있었다. 수레바퀴를 굴려 중생의 모든 번뇌를 없앤다는 의미란다. 기원전 3세기에 만들어졌다는 돌기둥 위의 사자상이 이처럼 아름답게 조각되어 있다는 것도, 지금까지 보존됐다는 것도 믿어지지 않았다. 사자의 털과 근육이 어찌나 생생한지 두툼한 발로 뛰어내릴 것 같았다.

고행하는 부처상과 석주 사자상

유물을 들여다보는데 검은색 차도르를 입은 아가씨가 다가와 어디서 왔냐고 물었다. 한국에서 왔다고 했더니 반가워하며 자기는 'BTS 아미'라고 했다. 나도 BTS 팬이라고 하니 내 손을 잡으며 자신은 메인 보컬 정국을 제일 좋아한다며 자신의 엄마까지 데려와 소개해 주고 사진도 찍자고 했다. 외국에서 K-POP에 대한 관심이 높다는 이야기를 듣긴 했지만 파키스탄 라호르 박물관에서 BTS 아미를 만나게 될 줄은 몰랐다. BTS 방탄소년단의 이름은 10대들이 살아가면서 겪는 힘든 일, 편견과 억압을 총알로 막아내겠다는 뜻을 가졌다. 그 이름처럼 그들이 노래로 꿈과 행복, 사랑을 이야기하면서 사회 병폐를 타파하고 선한 영향력을 끼치는 역할을 하고 있기에 한국인으로서 뿌듯했다.

페르시아·힌두·몽골·이슬람의 문화가 융합된 라호르성

유네스코 세계문화유산으로 등재된 라호르성은 궁전과 정원으로 이루어진 거대한 성이다. 코끼리 부대도 오르내렸다는 아치형 입구의 문은 '알림기리 게이트'라고 하는데 색색의 타일 장식이 아름답다. 성의 주인은 오랜 세월을 거치며 바뀌었다. 11세기에는 힌두교 군주가, 13세기 중반에는 몽골족이 머물렀고, 14세기에 이르러서는 티무르 황제가 파괴하고, 16세기 초 무굴제국의 악바르 대제는 구운 벽돌과 사암으로 성벽을 쌓았다. 무굴제국은 인도 대부분과 파키스탄, 아프가니스탄에 이르는 광대한 지역을 지배했다.

무굴제국의 5대 황제인 샤자한은 왕비 뭄타즈를 위해 라호르성에 '쉬쉬마할'이라 부르는 거울궁전을 지었다. 대리석 벽과 천장에 유리·준보석·금박·거울 조각으로 장식한 궁전이다. 별을 좋아했던 왕비를 위해 왕은 아침과 낮, 그녀가 원할 때 언제나 별을 볼 수 있도록 천장을 꾸몄다. 전기가 없던 옛날에는 촛불이나 등잔불을 켰을 텐데 불빛에 반사된 천장의 거울 조각은 별처럼 반짝였을 것이다. 실제로 이곳에서 핸드폰의 조명을 켜서 천장을 향해 흔들자 그

라호르성과 성안의 쉬쉬마할 거울궁전

야말로 왕비의 침실에서는 별이 쏟아질 것 같았다. 안타깝게도 지금은 보석이 빠진 장식이라 볼품이 없다. 영국군이 침략했을 때 약탈해 갔기 때문이라고 한다.

라호르성의 하렘, 즉 가족 외에 다른 남자의 출입이 금지된 여자들만의 공간인 그곳에는 특별한 비밀이 있다. 여러 개의 방 중 향기 방 창문 아래에 우묵한 공간이 있는데 그곳에다 꽃에서 뽑아낸 향유를 피우면 궁궐 전체에 온갖 은은한 꽃향기로 가득 찼다고 한다.

또 하나 라호르성의 신기한 것은 에코시스템이었다. 예배를 드리는 공간 한쪽 벽에 입을 가까이하고 이야기를 하면, 대각선 방향의 건너편 벽에서 그 목소리가 메아리처럼 들려 정말 신기했다.

라호르성 전망대에 올라 저 멀리 광활한 대지를 호령하던 무굴제국 황제들의 모습을 상상해 봤다. 또 라호르성의 붉은 벽돌을 보며 성을 짓기 위해 동원됐을 백성과 장인들의 땀과 희생도 함께 떠올랐다.

問5 인더스 문명이 일어난 유적은 인도가 아닌 지금의 파키스탄 땅에 있다고?

인더스 문명은 기원전 2500~1500년 무렵에 지금의 파키스탄과 인도의 펀자브 지방, 인더스강 유역에서 시작됐다. 히말라야의 눈 녹은 물은 인더스강으로 흘러들어 농사와 목축의 발전으로 문명을 만들었고 잘 정돈된 도시 유적을 남겼다. 대표적인 모헨조다로 유적에서는 도로와 집들의 규칙적인 배열은 물론 상하수도 시설까지 갖추고 있는 것을 확인했다니 놀랍다. 수공업 기술도 발전해 이웃 나라와 활발한 무역이 이루어졌다는 것을 알 수 있는 도장이 남아 있다. 3~4㎝ 내외의 정사각형 모양으로 상거래 과정에서 소유를 확인하는 수단으로 사용됐을 것으로 추정한다. 현재 인더스강의 물은 한 방울도 인도로 가지 않고 파키스탄으로 흐르면서 비옥한 땅을 만들어 주고 있다. 파키스탄 경제 생산의 20%를 차지하는 농업의 중요한 원동력이 바로 인더스강이다.○

이슬라마바드 가는 길과 파이잘 모스크와 전망대

라호르에서 파키스탄의 수도 이슬라마바드까지는 자동차로 6시간 정도 거리다. 잘 포장된 왕복 6차선 고속도로는 1997년 한국의 대우건설이 시공했다. 지금도 대우에서 생산한 버스가 이곳의 도로 위를 달리고 있다. 도로 주변 풍경은 경지정리가 잘 되어있는 농토와 초지의 연속이었다. 산은 보이지 않고 도로 주변에는 가로수가 있고, 그 옆에는 강이 흘렀다. 끝없이 펼쳐진 평평한 대평원은 땅과 하늘이 맞닿아 있어서 마치 땅에서 피어오른 구름이 하늘을 뒤덮은 것 같았다.

버스를 타고 가는 동안 현지인들의 사는 모습과 자연환경을 볼 수 있었다. 하얀 당나귀가 사탕수수를 싣고 가는 모습도 보이고, 오토바이·오토릭샤·자동차·트럭 등이 뒤섞인 도로는 혼잡했지만 인도보다는 거리가 더 깨끗했다. 아마 청결을 중요하게 여기는 이슬람의 문화 때문일 것이다. 파키스탄의 지도가 초록색인 것은 그만큼 숲이 많기 때문이리라. 어떤 곳은 융기한 석회암 지형이 마치 거대한 테이블처럼 길게 이어져 신기했다. 도로변의 절개 면을 보니 붉은색·황토색·짙은 갈색 흙이 지층을 이루고 있었다. 푸석푸석한 흙에 박힌 돌들은 낙석 위험을 안고 있어 지진이 나면 부서져 내릴 것 같았고, 벽돌을 쌓아 올린 교각 역시 지진에는 취약해 보였다.

  점심을 먹기 위해 고속도로 휴게소에 들렀는데, 현지 음식을 먹을 수 있는 식당보다는 KFC 치킨, 맥도날드 같은 패스트푸드 매장만 있었다. 특별한 점은 미국계 프랜차이즈 매장의 경우 총을 든 경비원이 항상 입구에 있는 것이다. 치안 유지를 위해 그런 것 같았다. 현지 기업 매장에서 치킨 햄버거를 주문했더니 따끈따끈한 햄버거를 하얀 기름종이에 싸서 주었다. 맛은 현지 향신료가 들어가 한국에서 먹었던 익숙한 맛과는 미묘한 차이가 있었지만 맛있게 먹었다.

  밖으로 나오니 주차장은 내리쬐는 뜨거운 햇볕에 달아올라 너무 뜨거웠다. 버스가 다시 출발하기 전까지 쉴 곳을 찾아 나무와 꽃을 심어 놓은 작은 정원으로 갔다. 이곳 사람들도 뜨거운 햇살을 피하기 위해 나무를 심고 그늘을 만들어 그 아래에서 쉬고 있었다. 총을 든 경비원이 자신이 앉아 있던 의자를 덜렁 들고 와서 내게 권했다. 거절하는 것은 그의 배려를 무시하는 것 같아 고맙다고 인사하고 앉았다. 그런데 휴게소 주유소 옆에 남자들 20여 명이 모여서 기도하고 있었다. 이슬람교 신자들은 하루 다섯 번 메카를 향해 기도를 한다더니 아마 기도 시간이었나 보다. 혼자 기도를 드려도 될 것 같은데 모여서 여배를 드리며 마음을 집중해 알라신께 순종하는 모습이 인상 깊었다.

톨게이트를 통과하고 이슬라마바드 시가지에 들어서자 대단위 아파트 건축 현장이 나타났다. 이슬라마바드는 1960년대에 설립된 신도시인데 파키스탄의 수도로 정치·경제·문화의 중심지 역할을 하고 있었다. 앞으로도 더욱 발전에 속도를 낼 것 같았다.

이슬라마바드에 도착해 현대식으로 지은 파이잘 모스크를 찾았다. 사우디아라비아의 파이잘 국왕이 파키스탄을 공식 방문했을 때 건설비용으로 120만 달러를 기부하면서 1976년 건축을 시작해 1986년에 완공했다. 안타깝게도 건축비를 지원했던 파이잘 왕은 정신질환을 앓던 조카에게 착공 1년 전인 1975년 암살당했다. 그래도 사후에 완공된 그의 이름을 딴 '파이잘 모스크'는 파키스탄은 물론 세계에서 가장 큰 규모의 이슬람 모스크다.

나는 이슬람 신자가 아니기에 예배를 드리는 공간은 들어갈 수 없었지만 축구장처럼 넓은 모스크 이곳저곳을 구경했다. 이곳 역시 신발을 벗고 맨발로 하얀 대리석 계단을 올라가야 했다. 햇볕에 데워진 뜨겁고 반질반질한 대리석 위로 남녀노소 수많은 인파가 모여들었다. 모스크 안은 한꺼번에 1만 5천 명이 들어가 기도할 수 있는 커다란 공간이다. 모스크를 구경하는데 사람들이 자꾸 나를 쳐다봐 민망했다. 아마 낯선 동양인이라 그랬을 것이다. 여성 무슬

파이잘 모스크와
모스크에 온 여인들

림들이 입은 반짝이는 장식이 달린 화려한 디자인의 히잡과 차도르가 눈에 들어왔다. 지금까지 봐 왔던 전통 복장인 검은색에서 벗어나 밝은색이나 변형된 디자인도 있었기 때문이다.

차도르를 입은 여성은 이슬람 여성의 정체성이라는 관습에 얽매어 그들의 아름다움을 감추어야 하는 것 같아 답답해 보였다. 그녀들도 풍성한 머리카락을 바람에 흩날리는 자유로움을 느꼈으면 좋겠다는 생각이 들었다. 이런 내 마음을 아는지 모르는지 차도르를 입은 여성들이 함께 사진을 찍자고 했고, 남자들도 마찬가지였다. 한 사람과 찍으려 하면 또 사람이 붙고, 또 한 사람이 붙고 연예인도 아닌 데 자꾸 사진을 같이 찍자고 하여 어리둥절했다. 아마 이곳에서는 나와 같은 동양인을 보기 쉽지 않은가 보다. 모스크 밖에는 넓은 공원이 있는데 나들이 나온 가족, 방금 결혼식을 올리고 나온 듯 웨딩드레스를 입은 신부와 즐거운 표정의 하객을 보며 잠시 그들의 일상에 스며드는 느낌이었다.

그들에게서 벗어나 모스크가 석양에 저물어 가는 모습을 뒤로하고 나와서 이슬라마바드 시내가 한눈에 내려다보이는 전망대로 이동했다. 일몰 경치를 보기 위해 모여드는 사람들, 어린아이들 손을 잡고 나온 가족, 풀밭에서 뛰어다니는 사나운 원숭이들을 보며 전망대에 올라 나도 그 멋진 풍경 속의 하나가 됐다.

5日 이슬라마바드에서 탁실라, 나란으로

간다라, 그리스의 신처럼 불상을 조각하다

고대 간다라 문명의 중심지, 탁실라

탁실라로 가는 날 아침, 밤새 내린 비로 도로는 물이 흥건했다. 40도를 넘는 무더운 열기가 식으니 상쾌함에 기분이 좋아졌다. 탁실라는 BC 5세기에서 AD 2세기까지 현재 아프가니스탄과 파키스탄 지역에서 고대 간다라 문명을 번성시켰던 곳이다. 경제적으로나 문화적으로 번성해 철학·종교·예술·교육의 중심지였다.

출발한 지 30분쯤 지났을까? 검문소 앞에서 갑자기 버스가 멈추었다. 경찰과 운전자, 현지 여행사 직원이 무전기로 뭐가 이야기를 나누고 서류가 오가는 동안 무슨 일인가 싶어 불안한 마음이 들었다. 잠시 후 무장한 경찰관 3명이 탄 경찰차가 삐용삐용~~소리를 내며 앞장섰다. 우리 일행이 탄 관광버스를 경호하기 위해서라는 것을 뒤늦게 알았다. 파키스탄 정부는 외국인이 안전하게 여행

할 수 있는 곳이라는 인식을 주기 위해 단체여행 버스는 에스코트 해 준다고 한다. 총을 든 경찰의 호위를 받으며 가다 보니 마치 영화 속 한 장면의 주인공이 된 기분이었다.

탁실라 박물관에 도착하니 붉은 분홍빛 부겐베리아꽃이 만발해 꽃동산을 이루고 있었다. 박물관은 1층이고 3개의 전시실로 나뉘어 있었다. 간다라 문명을 대표하는 탁실라 박물관은 동양과 서양의 문화가 섞인 독특한 조각상과 다양한 유물이 많았다. 탁실라에서 현재 우리가 보는 불상이 처음 만들어졌다. 부처가 세상을 떠났을 당시에는 윤회를 상징하는 수레바퀴와 해탈을 의미하는 보리수 나뭇잎과 부처의 자취 등을 받들며 신앙심을 표출했는데 알렉산더 대왕의 침입으로 이곳에 들어온 그리스인이 그리스 신을 조각하는 기법으로 부처를 인간의 형상으로 만들기 시작한 것이다.

그래서일까 탁실라 박물관에는 현재 우리가 절에 가면 볼 수 있는 불상과 달리 서양신의 모습과 흡사한 것이 많았다. 골격이 크고, 눈은 움푹 들어가고, 코는 길고 콧등이 높고, 입술은 얇고 얼굴은 갸름한 서구적인 모습이다. 불교가 전파되면서 부처상은 전파된 곳의 사람을 닮아갔다. 인도에서는 인도인의 모습을, 중국에서는 중국인을, 한국에서는 석굴암의 불상처럼 신라인의 모습으로 표현된 거다.

이곳에는 부처의 사리를 모신 황금 사리탑, 1세기경 제작된 채색이 남아 있는 불두, 살구나무 껍질로 만든 북방불교에 대해 알 수

간다라 양식 불상

있는 산스크리트어 경전, 부처의 출가 장면을 새긴 돌조각, 탄생과 죽음, 벽화, 화폐, 토기, 장신구, 가정용품 등 불교 미술사에서 중요한 의미를 갖는 간다라 양식의 진수를 볼 수 있었다.

박물관에서 자동차로 5분 거리에 있는 1980년 유네스코 세계유산으로 등재된 다르마라지카 수투파 유적지도 찾아갔다. 인도 마우리아 왕조 때 아소카 대왕에 의해 지어졌다는 불탑은 반구형인데 원형의 돌계단은 허물어지고, 입구와 주변에는 당시 승려들이 거주했던 집과 공부했던 학교는 폐허가 된 채로 터만 남아 있었다. 오랜 세월 유적지를 지켜보았을 장대한 기골의 반얀트리 나무가 인상 깊었다. 마치 서낭당에 오색 천을 늘어뜨려 놓은 듯 나무줄기가 땅에 꽂혀 기둥이 된 기괴한 모습, 비밀스러운 생명체를 품고 사정없이 휘감아 쥐고 있는 것 같은 모습에서 눈을 뗄 수 없었다.

　탁실라 유적지에서는 간다라 불교의 절정 시기를 상상해 봤다. 찬란했던 불교는 그 시절 인간을 위로하고 구원하는 힘이 있었을까. 수많은 전쟁으로 부침이 심했던 그 시절, 현실의 고통과 불안을 잊기 위해 부처의 말씀을 경전 삼아 기도했던 것은 아닐까. 1800여 년의 세월을 견뎌낸 불탑 주변을 천천히 걸으며 이곳이 품고 있는 시간을 느껴 보았다.

問6 간다라미술이란?

　간다라 미술은 BC 327년경 알렉산더 대왕이 정복자로 들어오면서 그리스 문화도 함께 들어와 시작됐다. '간다라'라는 명칭은 파키스탄 북서부 페사와르 주변 지역을 간다라 지방으로 부른 것에서 유래한다. 간다라 미술을 한마디로 정의하면 불교 신앙을 시각적 표현한 것과 그리스·로마의 예술의 기법과 인도 문화의 종교적 요소가 융합된 결과물이다. 조각 기법은 사실적이고 조화로운 비율을 가졌다. 세부적인 특징은 부처의 경우 명상하는 자세로 앉아 있거나, 서 있는 자세가 주를 이루고 있다. 세밀하게 조각된 옷 주름과 평온한 얼굴, 긴 귀, 머리카락은 소라껍데기처럼 꼬불꼬불하고, 이마에 둥근 점을 표현했다. ○

탁실라 제2 고대도시 유적지 시르캅

 탁실라에서 옛 고대 도시 시르캅의 유적지를 찾아갔다. 도시의 중심을 남북으로 가로지르는 도로를 사이에 두고 바둑판 모양의 구역 안에 온전한 건물은 하나도 없었고 왕궁이나 주거의 흔적도 찾아볼 수 없는 폐허였다. 그럼에도 이곳은 당시 다른 문화와 종교에 대한 폭넓은 포용력으로 품어준 국제도시였음을 남아 있는 유물과 유적을 통해서 알 수 있었다. 불교와 관련된 탑인 스투파, 자이나교 관련 유물, 불을 숭배하는 배화교 등 다양한 종교 사원의 흔적으로 남아있는 기단이 그 예다. 가장 유명한 것은 '태양의 사원'이라고 불리는 쌍두 독수리 조각이 있는 그리스 양식과 힌두 양식이 함께 있는 유적지다. 쌍두 독수리는 러시아 대평원을 장악했던 잔인하고 용맹했던 스키타이족의 상징이었다. 예로부터 독수리는 '불멸·용기·예지력·신의 전령' 등을 의미하는 신성한 존재였다. 그래서 쌍두 독수리는 이슬람 국가와 유럽, 러시아, 터키 등에서 사용

시르캅 유적지

하는 상징이기도 하다. 이제 이곳은 과거의 영화는 간 곳 없는 황량한 유적지로 남았지만 흩어진 돌 사이에서 풀을 뜯고 있는 당나귀와 양들을 볼 수 있어 그나마 반가웠다.

시르캅 유적지를 돌아보고 나란으로 이동했다. 탁실라에서 나란까지는 10시간 정도 걸린 것 같다. 경찰의 교대가 이어져 모두 9번이나 에스코트 담당자가 바뀌었다. 중간에 경찰차가 아닌 오토바이를 타고 경호하는 경찰관도 있었다. 농작물이 자라는 푸른 들판을 지나 점점 깊은 산 속으로 들어갔다. 꼬불꼬불한 산길에는 키가 큰 나무도 보이지 않고 지루할 때쯤 보인 마을 풍경이 정겨웠다.

중간에 하리푸르라는 작은 도시를 지났는데 '하리'는 시크교도들이 추앙하는 신의 이름이기도 하다. 다음에는 옛 그리스 시대의 군사도시이자 파키스탄의 사관학교와 군사전문학교, 육군 2사단 본부가 있는 아보타바드를 지났다. 이곳은 아프가니스탄과 국경이 멀지 않은데 2001년 9월 11일 뉴욕 세계무역센터 빌딩 테러를 주도한 오사마 빈라덴이 숨어 있다가 미국 최정예 특수부대원에게 현장에서 사살된 곳이다. 오사마 빈 라덴은 사우디아라비아에서 태어난 석유 재벌이었고, 이슬람 근본주의적 성향의 국제 테러리스트 조직 알카에다의 지도자였다. 미 중앙정보국(CIA) 등 정보 당국의 감시망을 피해 10년간 도피 생활을 했지만 집 밖에 널어놓은 빨래 때문에 발각됐다니 작은 것을 놓치지 않았던 추격자의 힘이

파키스탄 경찰 호위 차량

승리한 셈이다. 사살된 빈라덴의 시신은 행여나 추종자들에게 영웅으로 모셔져 결집하는 구심점이 될까 봐 강물에 던져 버렸다. 이슬람 근본주의 사상을 토대로 세계 각지에서 테러를 주도하던 그는 현대사에서 지울 수 없는 흔적을 남기고 떠나갔다.

6日 나란에서 길기트로

천 길 낭떠러지 옆으로 양 떼, 당나귀, 자동차들

장난감을 만들어 갖고 노는 소년

파키스탄의 알프스, 나란으로 가는 길

파키스탄 북쪽 카칸 계곡 상류에 있는 나란은 계곡을 탐험하려는 관광객이 몰려드는 곳이다. 또한 길기트나 훈자마을로 가는 관문이기도 하다. 나란으로 가는 길은 험하고 척박했다. 좁은 도로는 구불구불 오르락내리락, 아스팔트 길을 벗어나 비포장 길은 온통 낙석 위험 구간이라 커다란 돌덩이가 길을 막기도 했고, 언제 또 돌무더기가 도로로 쏟아질지 모르는 길이라 긴장했다.

저 멀리 만년 설산이 보이니 탄성이 절로 나오고, 북쪽으로 갈수록 히말라야와 카라코

길기트 오지마을의 돌집

람산맥이 가까우니 산은 점점 더 험준해졌다. 산자락의 허리를 따라 이어가는 도로 옆은 천 길 낭떠러지 절벽이라 보기만 해도 아찔했다. 이런 길도 트럭들은 털털거리며 힘겹게 올라가고 길 위를 점령한 양 떼들이 지나가기를 자동차들이 줄지어 서서 기다리는 모습도 자주 볼 수 있었다. 대자연의 풍경 속에 오지 마을의 모습도 드문드문 보이는데, 자기 몸보다 큰 짐을 양쪽에 싣고 뒤뚱거리며 걸어가는 당나귀의 모습은 안쓰러웠다.

 지나온 도로를 뒤돌아보니 바로 내 머리 위에서 자동차들이 내려오고 있는 것 같았다. 가끔 높은 산에서 내려오는 물줄기가 돌무더기에 부딪혀 폭포수처럼 도로에 흘러내리기도 했다. 어떤 곳은 골짜기에서 쏟아진 낙석과 흙무더기에 무너진 집이 파묻혔다. 그런 곳에서도 사람들은 자신의 삶을 살아내고 있었다. 어떤 이는 시장에서 장사를 하고, 목동은 양과 염소를 키우면서 말이다.

빙하 계곡 옆에 마침 휴게소가 있어서 버스는 멈추었다. 산속에 휴게소가 있는 게 신기한데 깨끗한 양변기라서 놀랐다.

그런데 이곳에서 놀라운 광경을 목격했다. 구부러진 철사를 동그란 원 모양으로 만들어 굴리며 노는 어린 소년의 모습이었다. 산골 마을에서 어디서 구했는지 낡은 철사를 구부려 바퀴를 만든 창의성이 놀라웠다. 빈약한 재료로 만든 장난감으로 놀면서도 즐거워하는 모습은 결핍을 극복한 지혜로 이룬 것이라 대견했다.

나란으로 가는 길에도 어둠이 내리고 하나둘 켜진 불빛들이 캄캄한 어둠 속에서 예쁜 보석처럼 빛났다. 그곳에 사는 사람들의 따뜻한 온기가 전해져 오는 것만 같았다.

드디어 탁실라에서 나란까지 긴 여정을 끝내고 저녁 8시가 다 돼 도착해 숙소에 배낭을 풀고 허기진 배를 채우며 무사히 안전하게 도착할 수 있었던 것에 감사했다.

7日 나란에서 길기트로

산사태 복구에 쓰이는 한국산 포크레인

본격적인 카라코람 하이웨이를 따라 길기트로 가는 길, 날씨는 9월인데도 파키스탄의 북쪽이라 더 일찍 추위가 오는 것 같았다. 아침에 일어나 숙소 밖으로 나갔더니 털모자를 쓴 아이들과 두꺼운 패딩을 입고 있는 사람들이 많았다. 나 역시 전날 추위 때문에 옷을 껴입고 잠을 잤는데도 깊은 잠을 잘 수가 없었다.

나란에서 길기트로 가는 길 역시 경찰의 호위를 받으며 출발했다. 차창 밖 풍경은 아름답고 아찔했다. 우뚝 솟은 산의 경사면은 쳐다보는 것만으로도 고개가 아팠고 벼랑 아래는 금방이라도 무너져 내릴 듯 가슴이 조마조마했다. 보이는 곳은 온통 돌산인 데다 흙 속에 돌멩이가 박혀있는데 약한 외부 충격에도 쉽게 부서지게 생겼다. 비가 오거나 지진이 나면 속절없이 와르르 무너져 버릴 수밖에 없겠다는 생각이 들었다.

도로는 2차선으로 포장돼 있으나 설산에서 흘러내린 물로 흥건하게 젖었고, 도로 한 가운데가 싱크홀처럼 푹 주저앉은 곳도 있었다. 급경사 비탈면은 거의 직각으로 토사나 바위들이 흘러 내려 안전한 곳이 없었다. 그 와중에도 산양은 비탈길 돌 틈에 발을 딛고 산으로 올라가 먹이를 찾았다. 산꼭대기 집을 짓고 사는 사람들은 계곡으로 물을 긷기 위해 내려오고, 층층의 계단식 밭을 일구어 농사를 짓고 있었다.

설산에서 녹아내린 물이 고인 산중호수의 아름다운 풍경에 감탄한 것은 잠시고 해발 3,950m 전망대에 올라서자 고산증세가 찾아왔다. 가슴이 뻐근하고 어질어질했다. 배도 사르르 아팠고 몸을 가누는 것이 힘들어 어디든 기대고 싶었다.

협곡 사이로 흐르는 인더스강을 끼고 달리는 차에서 본 바깥 풍경은 문명 이전의 상태인 듯 원시적이었다. 거대한 협곡 아래로 산 위의 빙하가 녹아내린 잿빛 강물이 거칠게 흐르고 있었고 뒤쪽으로 눈 쌓인 봉우리들은 마음을 붙드는 풍경이었다. 그런데 문제가 생겼다. 앞서가던 차들이 줄줄이 멈춰 서기 시작하는 거였다. 우려했던 산사태로 낙석이 떨어져 도로를 덮친 거다. 토사를 제거하고 임시 도로를 만드는 공사를 하느라 차량 통행을 막은 것이었다.

2시간 정도 꼼짝없이 도로에 갇혀 있어야 했는데 이곳 사람들은 익숙한 일인 듯 항의하거나 뛰어다니지 않고 기다렸다. 꼬리에 꼬리를 물고 기다리는 대기 차량으로 도로는 주차장이 되었다. 그 와

산사태 복구 작업

중에 짐을 실은 오토바이는 퀵서비스처럼 베토벤의 유명한 피아노 곡 '엘리제를 위하여'를 경적음으로 울리며 왔다갔다 바쁘게 달려갔다. 난감한 상황에서 듣는 '엘리제를 위하여'는 익숙하면서도 낯설어 웃음이 나왔다.

　차량 통행이 재개되면서 반대편에서 줄지어 대기하던 차량이 먼저 건너왔다. 교행을 할 수 없는 일방통행 도로가 되어 버렸으니 한쪽을 보내고 기다렸다가 또 반대편 차량을 통과시키면서 낙석을 치우는 공사까지 해야 하니 시간이 오래 걸렸다. 밤새도록 기다려야 하는 상황이 되었으면 더 힘들었을 것이다. 알록달록한 트럭, 유조차, 컨테이너 운반 트럭, 버스, 승용차, 결혼식을 마치고 오는 웨딩 차량, 앰뷸런스까지 앵앵거리며 다 지나갈 때까지 또 기다려야 했다.

그런데 현지 여행 경험이 많은 분의 이야기를 들으니 이런 일이 생겼을 때 우선순위로 보내주는 차는 중국인 기술자라고 했다. 공사 재개에 도움을 줄 수 있는 인력을 우선 통과시켜 문제를 해결하려는 실용적인 생각이 그런 규정을 만들었을 것이다.

산사태 복구 작업 현장을 지나면서 보니까 공사장에는 모두 5대의 포크레인이 있었는데 그중 4대가 두산동아 제품이었다. 한국에서 생산한 중장비가 이 먼 곳까지 와서 연결과 물류의 이동을 돕고 있는 모습을 보니 발전된 기술을 가진 우리나라가 자랑스러웠다. 평범한 사람들의 일상을 멈추게 했던 예기치 않은 산사태는 일회성으로 그치는 것이 아니라 이곳에선 일상적으로 반복되는 일 같아 더 안타까웠다.

問7 파키스탄에서는 왜 트럭에 알록달록 치장을 할까?

파키스탄의 차량 치장은 거의 종교적이다. 시작은 1950년대 중반 북부 파키스탄의 트럭 기사들이 한번 떠나면 6개월씩이나 집에 갈 수 없기 때문에 가족에 대한 그리움을 달래기 위해 사진이나 그림 등을 차에 장식하던 데에서 유래했다고 한다. 지금은 파키스탄 전역에서 작은 릭샤부터 대형 트럭까지 형형색색으로 치장하고 달린다. 아무리 고물 차량이라도 알록달록 화려한 치장을 한 모습은 흔하게 볼 수 있다.

도시 외곽의 넓은 터나 도로에서 트럭 장식 가게를 흔히 볼 수

장식을 하고 달리는 트럭

있었다. 트럭을 꾸미는 데는 일정한 규칙이 있다. 옆면에는 산과 호수, 동물 등 자연 풍경을 주로 그리고 운전석 앞과 윗부분은 신성한 영역이라 이슬람사원이나 코란의 구절 등 종교적 형상을 표현한다. 바퀴도 예외는 아니다. 운전 중 달려가는 동안에도 바퀴에서 소리가 나도록 장식물을 달았다. 과거 실크로드를 오가던 대상들이 낙타를 장식하던 문화가 이제는 트럭을 장식하는 것으로 바뀌었다고 보면 된다. 척박하고 위험한 길을 달려야 하는 운전자들이 알록달록 장식한 자동차를 타고 긴 여행의 외로움을 달랠 수 있다면 무엇이 문제였을까. 알록달록 치장한 트럭이 척박한 산길을 달리는 모습을 보면 마치 골목길에 집주인이 내놓은 예쁜 화분에 지나는 사람들이 치유받고 감동하는 것과 같다는 생각이 들었다. ○

쓰리마운틴 전망대

　오후 5시 30분, 해가 지기 전 구름 속에 모습을 드러낸 낭가파르바트 설산을 볼 수 있는 곳에 도착했다. 히말라야산맥의 끝자락에 있는 이 산은 해발 8,126m로 수많은 등반객의 목숨을 앗아간 곳이기에 죽음의 산, 악마의 산이라고도 불린다. 이 산을 무대로 만든 영화 〈운명의 산, 낭가파르팟〉은 세계 최초로 히말라야 8,000m급 봉우리에서도 가장 높은 14개 봉우리를 오른 산악인 라인홀트 메스너의 용기와 운명적인 삶을 다뤘다. 그는 산을 오르면서 영웅이 되기 위해서도 아닌 "단지, 나는 두려움을 통해서 이 세계를 새롭게 알고 느끼고 싶다."라는 말을 남겼다. 두려움을 극복하려면 자신을 믿고 감당할 수 있다고 마음먹는 일이라 생각한다. 그는 16년에 걸쳐 소수의 인원이 장비를 짊어지고 등반하는 알파인 방식으로 무산소 단독등반을 한다는 자신의 원칙과 신념을 지켜냈다.

　낭가파르바트을 눈에 가득 담고 다시 서둘러 출발, 30여 분을 지나 스리마운틴 전망대에 도착. 이곳은 힌두쿠시산맥, 카라코람산맥, 히말라야산맥과 인더스강과 길기트강이 흘러 들어오는 모습을 한꺼번에 볼 수 있는 특별한 장소였다. 이곳에 도착했을 때는 해가 꼴딱 넘어간 후라 황금빛 여명이 어둠 속으로 사라지는 중이었다. 오랜 세월 산은 그 자리에 있었고 설산에서 흘러내린 물줄기도 유장하게 흐르고 있었다.

오후 7시 30분, 길기트 숙소에 무사히 도착했다. 집중호우와 폭설, 그리고 산사태로 매년 많은 트럭이 절벽 아래로 떨어지는 사고가 발생한다는 도로를 따라왔기 때문에 안도했다. 파키스탄 북부에 위치한 길기트는 히말라야산맥 가까이에 있고 길기트 북쪽은 타림분지, 동쪽은 티베트, 서쪽은 아프가니스탄, 남쪽은 인더스강 유역에 둘러싸인 환상적인 풍경을 가진 곳이다. 또 동서무역의 교차로였던 옛 모습을 그대로 간직하고 있는 이곳은 고대 인도불교가 육로를 통해 투르키스탄과 중국으로 퍼져나간 통로였고, 현장법사를 비롯해 많은 승려가 인도로 가기 위해 거쳤던 교통의 요지였다. 그래서 길기트에는 이슬람교가 들어오기 전 7세기 인도의 남방불교와 티베트의 북방 불교가 교차한 흔적인 카르가 마애불이 높이 15m 깎아지른 절벽에 새겨져 있다.

길기트는 전기 사정이 나빠 거리에 가로등이 불빛이 어두워 침침했다. 그래도 이 도시가 주는 안온함에 마음의 빗장을 풀고 잠을 청했다. 내일은 파키스탄 북쪽에 있는 장수마을 훈자로 간다.

8日 길기트에서 훈자마을로

1000년 전 실크로드 상인들의 숙소, 가니쉬

올드 실크로드

아침에 숙소 근처 과일 가게에서 망고, 바나나, 사과, 석류를 샀다. 훈자마을에서 머물 3박 4일간 먹을 간식으로 준비했다. 값도 저렴하고 맛도 좋은 바나나가 어찌나 많은지 혹시 이곳에서는 주식으로 바나나를 먹는 것은 아닐까 하는 생각이 들 정도였다.

오전 9시에 숙소를 출발한 버스는 훈자로 이동했다. 길기트 지역의 푸른 빛 강은 도시를 가로지르며 흐르고 만년설을 이고 있는 설산과 어울리는 풍경도 한 폭의 그림이었다. 시내를 벗어나니 황량한 바위산이 계속 이어졌다.

약 1시간 20분을 달리자 검문소가 나와 잠시 검문을 하고 다시 출발한 후 5분이 지나 1960년대까지 다녔다고 하는 옛 실크로드를 볼 수 있는 곳에서 잠시 내려서 둘러보았다. 강 건너 산 중턱에 지

올드 실크로드

　그재그 실금처럼 보이는 길이 실크로드라는 것이 실감이 나지 않았다. 카라코람 하이웨이가 건설되면서 지금은 사용하지 않는 길이지만, 고대에는 동서양을 잇는 중요한 무역로였기 때문이다.
　좁은 통로로 실크로드 대상들이 당나귀에 짐을 싣고 끝없이 줄을 이어 이 아슬아슬한 절벽 길을 걸어갔을 거라 생각하니, 믿어지지 않았다. 그 길로 옛날 신라의 혜초가 지나가고, 현장법사도 지나갔을까. 도둑 떼와 자연재해까지 얼마나 많은 위험을 감수하며 간신히 그 길을 걸었을까.
　올드 실크로드와 등 뒤로 보이는 포토시산을 배경으로 사진을 찍었다. 그 사이 건너편에서는 산사태가 나서 뽀얀 흙먼지가 연기처럼 피어올랐다. 30분 정도 구경을 한 후 새하얀 설산 라카포시(7,788m) 풍경을 눈앞에서 볼 수 있는 전망대로 출발했다. 아름다운 자연 풍광에 빠져 만년설로 뒤덮인 포토시산으로 등반 트래킹을 나서는 사람들을 따라 올라가다 숨이 차서 중간에 내려왔다. 대신 만년설이 흘러내리는 빙하수 계곡에 발을 순간 담갔다가 꺼내고 잠시 여유를 즐겼더니 피곤이 가셨다. 계곡을 가로지르는 집라인을 즐기는 사람들의 용기와 담력을 부러워하며 쳐다보았다. 산을 내려와 라카포시가 보이는 식당에서 점심으로 양고기와 렌틸콩 수프를 난을 싸서 맛있게 먹었다.

1000년의 역사를 품은 가니쉬마을

유네스코 문화유산 보존지구로 지정된 훈자계곡의 대표 마을 '가니쉬'를 찾았다. 1000여 년 전 실크로드를 오가던 대상이 머물던 숙소가 있던 마을이다. 사각형의 연못을 가운데 두고 빙 둘러서 집과 나무가 있고 아이들은 물가에서 놀고 있었다. 좁은 돌담을 따라 굽이굽이 돌다 소가 기대어 누운 담벼락 위로 슬금슬금 지나는 고양이가 정겹게 보였다.

이곳은 이슬람 사원인 모스크와 낙타나 말들이 머물렀을 마구간이 있고 나무와 돌로 만든 훈자 특유 건축양식의 집들이 독특했다. 골목 안에 있는 집들의 천장엔 구멍을 뚫어 굴뚝과 채광의 역할을 겸했다. 나무문이나 기둥은 이곳에서 많이 생산되는 호두나무를 재료로 한 것 같아 단단해 보였다. 집의 구조는 1.5층 정도인데, 아래층에 가축을 키우고 위층에는 사람들이 주거하는 공간이었다.

1000년의 역사를 지닌 가니쉬마을

골목 안에 다닥다닥 붙어 있는 주택은 1000년의 역사를 갖고 지금도 사용하고 있었다. 낯선 이방인의 등장에 호기심이 생겼는지 미로 같은 돌담길 이곳저곳에서 아이들이 튀어나왔다. 호기심 가득한 얼굴, 다들 귀엽고 예뻤다.

오랜 세월 이곳에 살았던 사람들에게는 어떤 역사와 애환이 있었을까 호기심이 생겼다. 나무로 지은 집을 1000년을 보존하려면 전쟁과 약탈, 화재도 없어야 하고, 이것을 뽑아다 쓰게 하는 가난도 없어야 한다. 어떻게 이 마을을 지켜 오는 일이 가능했는지 놀라울 뿐이다.

훈자의 보름달

오후 6시, 꿈에 그리던 설산과 살구, 세계 최장수 마을로 유명한 훈자의 카리마바드 숙소에 무사히 도착했다. 배낭여행자들의 천국이라 불리는 훈자에는 카리마바드, 알티트, 가니쉬 등 여러 마을이 있지만 대부분의 여행자가 말하는 훈자는 카리마바드다. 3박 4일 머무를 숙소 앞에 파노라마처럼 펼쳐지는 설산이 있고, 골목을 걸으면 졸졸 빙하수가 흘러 내려가는 소리도 들을 수 있었다. 천국을 가본 적은 없지만 이곳이 천국인 양 마음이 편했다.

 저녁은 '카리마바드 한식 맛집'이라고 한글로 써 놓은 식당에서 먹었다. 훈자에서 발견한 삐뚜름한 한국말 간판이 정겨웠다. 한국인 배낭 여행객이 많이 찾는 곳인지 백숙을 주문했더니 묵은지 맛이 나는 김치까지 나왔다. 감자를 넣어 푹 삶은 닭고기와 고춧가루가 빠진 김치였지만 먹을 만했다. 입맛이 확 살아나서 피로가 풀리는 느낌이었다.

 저녁을 먹고 운동 삼아 계곡의 수로를 따라 만든 미로 같은 골목을 걸었다. 비포장인 바닥은 한 발짝 옮길 때마다 진흙 먼지가 푸석푸석했다. 멀리서 반짝이는 불빛이 있는 곳에 메인 타운인 카리마바드의 기념품 가게와 식당, 숙박시설, 트래킹 안내소가 있다길래 불빛을 이정표 삼아 걸었다. 골목에는 가로등도 없는데 깜깜해지니까 덜컥 무서운 생각이 들어 발걸음을 돌렸다. 이곳도 관광객이 많이 늘어나는지 곳곳에 숙소나 상가를 짓느라 공사 중인 곳이 많았다.

 마을을 돌고 숙소로 돌아오니 밤 9시가 다 됐고 달력을 보니 다음날은 추석이었다. 훈자의 밤하늘에도 보름달이 떴다. 한국에서 보던 것과 같은 밝고 환한 보름달이었다. 달을 보니 한국에 있는 가족과 지인들이 생각났다. 특히 나의 안전한 여행을 위해 매일 기도해 주겠다던 친구와 8년 전 돌아가신 엄마 얼굴이 보름달과 겹쳐 보였다. 여행하다 보면 낯설고 신기한 풍경이 말을 걸어오는 것 같다. 인종·종교·문화·국가는 모두 달라도 우리는 같은 지구인이기에 훈자의 보름달을 보며 이 세상의 평화와 안녕을 빌었다.

잠을 자려고 누웠다가 요란한 리듬 소리에 뭔 일인가 궁금해 벌떡 일어났다. 문밖을 보니 숙소에 모여든 여행자들을 위한 공연이 시작되고 있었다. 빙 둘러앉은 사람들 사이로 장작불이 뜨겁게 타고 사람들의 얼굴도 불빛에 물들었다. 추운 밤인데도 흥에 겨운 사람들은 함께 노래를 부르고 춤을 추었다. 타악기와 현악기 반주에 맞춰 가슴을 후비고 들어오는 음률에 점점 빠져 들었다. 인간의 마음에서 나오는 무언가에 리듬과 가락을 넣어서 꺼내는 것이 음악이다. 척박한 자연환경에서 살아온 이들을 위로했던 음악은 지금도 이들을 흥겹게 하고 있었다.

그런데 공연을 진행하는 남자가 입고 있는 파란 조끼에 쓰여 있는 글씨를 보자 웃음이 빵 터졌다. 어떤 사연으로 파란 조끼는 훈자 마을까지 오게 된 걸까?

"2018년 전라남도 제53회 전국기능경기대회 심사위원"

9日 훈자의 발티트성, 이글스네스트, 알티트성

〈바람의 계곡 나우시카〉의 무대, 훈자

　배낭여행자들의 천국이라 불리는 훈자의 중심마을 카리마바드는 눈 덮인 산과 하늘을 찌를 듯 기암괴석이 많다. 파란 하늘과 하얀 만년설도 여행자를 들뜨게 했다. 오전 8시 30분 현지 투어 차를 타고 가장 높은 곳에 있는 발티트성으로 향했다. 마치 하늘로 향하는 도로로 올라가는 듯 끝없이 위로 올라갔다.

　수로를 따라 차곡차곡 쌓인 돌담과 발갛게 익은 사과와 주렁주렁 달린 호두가 인상적이었다. 비탈길은 온통 돌투성이인데 사람들은 그 돌로 집을 짓고, 담을 쌓고, 축대를 만들고, 수로를 내고, 돌을 쌓아 경계석을 만들고 사이에 농작물을 심었다. 그 곁에서 양과 염소가 풀을 뜯고 있었다. 척박한 자연환경 속에서 수 천 년 동안 그렇게 살아왔을 거로 생각하니 왠지 뭉클했다.

　1947년 파키스탄에 합병되기 전 훈자왕국의 왕이 살았다는 발

발티트성과 알티트성

티트성에 도착하니 수염이 멋진 안내인이 반겨 주었다. 가파른 언덕 위에 있는 발티트성은 훈자의 추운 겨울 날씨를 대비해 문을 낮게 만들어 바람의 피해를 줄이고 있었다. 허리를 굽히지 않고 생각 없이 걷다가 문틀 상부에 머리를 꽝 부딪치니 악~~소리가 절로 나왔다. 캄캄한 내부는 천장과 문으로 자연 채광과 환기가 이루어지고 있었다. 왕과 신하가 국정을 논하던 방·손님 접대용 거실·부엌·창고·감옥까지 다 있었다. 초소에 올라서니 훈자가 한눈에 들어왔다. 이곳에 살았던 사람들의 모습이 담긴 사진도 걸려 있어 훈자 왕국 시대를 살았던 사람들의 삶을 상상해 봤다.

問8 훈자의 물을 먹으면 정말 오래 살 수 있을까?

세계적인 장수마을로 꼽히는 훈자를 다니다 보면 설산에서 내려오는 물을 식수와 생활용수로 이용하는 모습을 쉽게 볼 수 있다. 문명과는 거리가 먼 은둔의 땅이었던 이곳은 지금도 여름이면 폭염과 모기와 해충이 들끓고 위생 상태도 좋지 않다. 그런데 설산에서 흘러 내려오는 빙하가 녹은 물을 정수 과정도 거치지 않고 먹고 있었다. 이 물은 오랜 세월 산화된 검은 바위산의 자갈과 모래·흙이 빙하에 섞여 내려왔기 때문에 회색빛이다. 이곳에 사는 현지인들은 이 물을 먹어도 아무 이상이 없지만 여행객이 먹었다가는 배탈이 나서 고생을 한다. 나도 행여나 이 물을 먹게 될까 봐 훈자에서는 생수를 따로 사서 양치질을 할 정도로 조심했더니 괜찮았다. 여

훈자의 수로

행지에서 아프면 도움 청할 곳도 없고 혼자서 힘드니까 미리 조심하는 게 좋다.

장수마을이라 부르는 훈자에는 정말 노인들이 많다. 예전에는 100세를 넘는 사람도 많아 수많은 연구자가 그 원인이 무엇일까? 찾아보았지만 규명할 수 없었다. 한 가지 분명한 것은 훈자의 주민들은 나이가 들어도 꾸준하게 일하고, 공기가 좋은 자연에서 지내고, 훈자의 특산품인 호두와 같은 견과류, 살구와 무화과 등 말린 과일을 즐겨 먹고, 우유와 홍차를 섞은 짜이와 양젖을 발효시킨 요구르트를 함께 마신다는 것이다. 산양유로 만든 치즈도 즐겨 먹고, 식단은 주로 채식인데 신선한 채소와 강황 성분의 카레를 넣어 조리해 먹는다.

그러나 훈자마을에도 문명의 바람이 불면서 아이들은 전통음식 대신 간편식과 과자나 콜라를 먹고, 어른들 역시 목축이나 농사를 짓는 대신 다른 일을 하는 사람이 많아지다 보니 예전처럼 장수하는 사람이 늘지 않고 있다고 한다.○

발티트성을 내려와 독수리 둥지 모양의 바위가 있는 2,800m 높이의 이글스네스트를 찾았다. 기암괴석이 있는 거대한 바윗덩어리 같은 이곳은 우리나라 같으면 천연기념물 수준의 지형이라고 판단해 특별히 보호했을 텐데 태양광발전 패널을 설치해 놓아 안타까웠다. 수명을 다하는 20년 후에는 여러 가지 중금속 유해물질을 토해낼 텐데 지금은 전기 사정이 나빠 가로등조차 부족한 파키스탄으로서는 환경을 생각할 겨를이 없나 보다. 훈자에 있는 동안 여러 번 전깃불이 나갔다가 다시 들어오는 경험을 했다.

이글레스트에 있는 여러 가지 기암괴석 중 으뜸은 독수리를 꼭 닮은 바위였다. 정상에 오르면 레이디핑거와 골든피크 설산의 위용과 아래로 흐르는 훈자강이 한눈에 들어온다. 청정한 자연의 매력에 빠지게 되는 곳이었다. 고산지대라 어지러워 미끄러지지 않게 조심해야 했다. 이곳을 내려와 버스를 타고 알티트성으로 갔다.

알티트성

2,500m에 있는 알티트성은 훈자강을 바라보며 설산을 배경으로 서 있었다. 제일 꼭대기에 있던 발티트성보다 더 오래됐다는 이 성은 진흙을 햇볕에 말려 나무와 함께 지었는데 너무나 견고해서 놀랐다. 알티트성은 11세기 훈자강 절벽에 세운 왕궁이자 요새다. 안내문에 따르면 알티트성은 훈자의 왕자가 작은 티베트라 불리는 발티스탄 출신의 샤 카쿤 공주를 신부로 맞이했는데 그녀가 데리고 온 장인들이 알티트성을 티베트 양식으로 개조했다고 한다. 성

을 지은 지 300여 년이 지나 15세기쯤 훈자의 왕은 위쪽에 '발티트 성'을 짓고 이사를 한 후 알티트성은 오랫동안 방치됐다. 그러다 훈자 왕족이 '아가칸문화역사재단'에 기부했고 재단은 노르웨이 정부의 지원을 받아 복원 공사를 마치고 2008년부터 일반인에게 공개하고 있다.

問9 알티트성이 티베트의 포탈라궁과 닮았다고?

알티트성은 지역의 자연환경과 지진에 효과적으로 대응하는 지혜로운 건축물이다. 예를 들면 추위를 막기 위해 벽의 두께를 두껍게 하고 창문은 작게 하니 실내는 어두컴컴하다. 천정은 ㅁ자 형태의 나무를 정사각과 마름모꼴을 겹쳐 쌓으면서 위로 갈수록 점점 좁아지게 만들고 마지막에 유리창을 넣을 수 있도록 한 구조다. 중앙에 기둥을 세우지 않고 천장의 문은 자연 채광과 환기를 담당하는 기능을 갖췄다. 바깥벽은 빙하에서 흘러나온 빙토석에 돌과 모래를 섞어 단을 쌓은 후에 나무 목재를 올리는 방식으로 켜켜이 쌓고 안쪽에는 흙을 발랐다. 이런 건축 양식은 티베트 건축이 가진 특징인데 실제로 티베트에 있는 '포탈라 궁'과 '알티트 궁'이 비슷하다고 한다. 산악 지형이다 보니 수평 대신 수직 형태로 지은 건축물에는 오랜 세월 이곳에서 살아온 사람들의 지혜가 담겨있었다.○

성 안에 있는 창문으로 밖을 내다보면 성 아래 낭떠러지로 훈자

알티트성 마을 사람들

강이 흐른다. 2000년 미야자키 하야오의 애니메이션 영화 〈바람의 계곡의 나우시카〉의 무대가 됐던 곳이 훈자였다는 것이 실감 나는 환상적인 풍경이다. 짓다 만 것 같은 열악한 건물에 지금도 사람들이 살고 있었는데 평평한 지붕 위에 말리고 있는 과일과 빨래를 보니 이곳에 사는 사람들도 자신의 소중한 삶을 지켜가고 있다는 생각이 들었다.

성을 내려와 마을 주민이 사는 골목에 들어섰다. 할머니들과 아이들로 북적이고 있었다. 한 평 남짓한 구멍가게에서 전깃불이 없어 어두컴컴한데 아이들이 좋아하는 과자와 놀잇감을 팔고 있었다. 낯선 이방인의 출현에 아이들의 호기심 가득한 시선을 받으니 찌릿했다. 순수하고 맑은 눈을 가진 훈자의 미래 주인공들에게 뭔가 선물을 하고 싶었다.

그때 작은 가게 입구에 걸려있는 축구공이 눈에 들어왔다. 무늬만 축구공인 탱탱볼 수준의 공이었지만 세 개의 공을 사서 아이들에게 선물로 줬다. 말이 통하지 않았지만 여럿이 함께 재미있게 놀았으면 좋겠다고 생각했다. 아이들은 놀이를 통해 규칙을 배우고 사회성을 배운다. 아이들에게 공을 사 주고 온 일은 지금 생각해도 잘한 일이다.

10日 훈자에서 호퍼마을, 나가르 밸리로

멀리 설산이 솟고 거뭇한 빙하가 흘러내리는, 호퍼마을

　　호퍼마을과 빙하로 가는 길은 구불구불 경사면을 돌고 돌아 올라가야 한다. 파란 하늘과 하얀 구름이 손에 닿을 듯했다. 옥빛 훈자강을 건너가서 훈자의 중심 봉우리 레이디 핑거를 보기 위해 멈추었다. 삼각형의 뾰족한 봉우리는 여인의 손가락을 닮았다고 레이디핑거라는 이름을 얻었다.
　　갑자기 이곳저곳에서 30여 명의 아이들이 모여들기 시작했다. 아이들은 여행자들을 대상으로 구걸에 익숙한 듯 돈을 달라고 집요하게 따라다녔다. 아이들이 있던 곳을 보니 강가에 있는 남루한 텐트였다. 대충 봐도 20개가 넘었다. 노숙을 하는 건지 아니면 사금을 캐기 위해 모여든 사람들의 텐트인지 알 수는 없지만 이곳은 예로부터 금과 루비를 비롯한 각종 보석이 많이 나오는 곳으로 유명한 곳이다. 이런 곳에서 강가의 모래를 뒤집어 하나하나 돈이 될 만

나가르 마을 강가의 아이들

한 것들을 찾아내는 아이들이 있다고 생각하면 마음이 짠했다.

아이들은 영양 상태와 위생 상태가 나빠 보였다. 언니의 등에 업힌 아기는 머리에 피부병이 생겼는지 발갛고 머리카락까지 숭숭 빠져 있었다. 태어나서 한 번도 목욕을 해 본 적이 없는 듯 흙먼지가 까맣게 달라붙은 아이도 있었다. 손을 내미는 아이들이 한둘이 아니니 누구를 주고 안 줄 수도 없고 난처했다. 그중 무리에서 떨어진 아이에게 손가방에 남아 있던 비스킷을 준 게 전부다. 여행하다 이런 아이들을 볼 때면 마음 아프고 속상하다. 특별한 기적이 일어나지 않는 한 아이들의 운명은 가난을 숙명처럼 받아들이고 살아야 하는 부모의 삶과 다르지 않을 것 같아서다.

평온하고 아름다운 호퍼마을

호퍼마을에 도착했을 때는 고산지대라 그런지 가슴이 뻐근하고 발걸음이 무거워졌다. 그래도 설산 봉우리는 파란 하늘을 배경으로 찌를 듯 당당하게 서 있었다. 시간의 무게를 짊어지고 대자연의 신비를 간직한 빙하는 검은 가루를 흩뿌려 놓은 듯 거뭇했다. 하얀 눈이 다져진 빙하를 상상하며 갔는데 기대에 어긋났지만, 곧 그 이유를 알았다. 처음에는 흰색의 빙하였는데 녹으면서 이동할 때 흙, 자갈, 모래, 돌 등과 섞이면서 이뤄진 퇴적층이라서 그렇다는 것이다. 무려 9㎞로 이어지는데, 마을 사람들은 수로를 내어 이 빙하 녹은 물을 농업용수나 식수로 사용하고 있었다.

긴 세월 켜켜이 쌓였을 빙하를 보니 가슴이 벅차올랐다. 그 시간에 비하면 인간의 삶은 얼마나 짧은가. 빙하 계곡을 내려다보니 무거운 짐을 짊어지고 오르는 사람들이 보였다. 입구에 보석이나 암석을 파는 가게가 있길래 빙하 근처에서 사금을 채취하듯 돈이 될 만한 암석을 캐 오는 사람들인 줄 알았다. 그런데 그 뒤로 개미처럼 움직이는 행렬이 뒤따르고 있었다. 자세히 보니 양손에 스틱을 들고 트래킹하는 사람들이었다. 그러니까 앞서간 사람들은 셰르파였던 것이다. 트래킹 선두에 선 사람에게 물어보니 자신을 파키스탄의 전문 산악 안내자라고 했다. 빙하를 건너 일주일을 걸어가면 K2봉에 도착할 수 있다고 하더니 그들은 아마 그쪽에서 왔나 보다 생각하며 트래킹하는 사람들을 뒤따라 호퍼마을로 내려갔다. 20명도 넘는 남자들이 지고 온 짐이 쌓여 있었다. 셰르파는 고된 노동이지

훈자에서 보이는 레이디핑거. 관광객 앞으로 펼쳐진 호퍼 빙하. 호퍼마을의 소

만 생계를 책임질 수 있기에 기꺼이 산을 오르는 것 같았다.

훈자마을 길을 걸었다. 참 한적하고 평온했다. 흔한 돌로 집을 짓고, 빙하에서 내려오는 물로 농사를 짓고 자신들의 전통을 지키며 지혜롭게 살고 있었다. 평평한 지붕 위에 고추와 과일을 말리고, 돌담 옆에 호박과 옥수수를 심어 놓은 모습은 우리네 사는 모습과 다르지 않았다. 어린 딸의 손을 꼭 잡고 걸어가는 아버지, 도랑 옆에서 빨래하는 아주머니들…모두 낯선 이방인에게 선한 웃음으로 화답해 주는 모습에 마음이 편안했다.

점심을 먹었던 식당은 현재 건축 중인데 공사를 마친 1층은 영업 중이고, 2층은 아직 미완성이라 철골 구조가 삐죽삐죽 밖으로 나와 있었다. 이런 모습은 훈자 어디서든 볼 수 있다. 식사를 마치고 그곳에서 일하는 14살 소년의 노래를 들었다. 처음엔 쑥스러운 듯 한 곡만 한다더니 용기가 생겼는지 3곡이나 불렀다. 단조로운 리듬 같아도 애조를 띠고 휘감겨 오는 음률이었다. 고립된 마을에 사는 사람들에겐 한이라도 있는 걸까 하는 생각도 잠시 했다.

해맑은 아이들이 있는 나가르마을

훈자의 현지인이 사는 모습을 볼 수 있는 곳이라 해서 나가르마을을 찾아 나섰다. 그런데 가는 여정이 만만치 않았다. 차 한 대도 지나가기 빠듯한 도로를 마주 오는 차량과 아슬아슬하게 비껴가야 했으니까. 왼쪽을 보면 아찔한 계곡과 빙하가 녹아 흐르는 강이 보이고, 오른쪽은 건들면 쏟아져 내릴 듯한 급경사 벼랑에 푸석한 흙벽에는 크고 작은 돌들이 알알이 박혀있었다. 불안한 예감은 빗나가지 않았다. 낙석이 도로를 가로막아 버스가 멈추었다.

다행히 멀지 않은 곳에 나가르마을이 있어 버스에서 내려 걸어서 20분 정도 언덕을 올라가 마을까지는 갔다. 호퍼마을과 비슷한 풍경이었으나 훨씬 더 잘 정리돼 깨끗해 보였다.

이곳도 9월 수확 철이라 곳곳에서 호두를 따느라 바빴다. 나무에 사다리를 놓고 올라가 따기도 하고, 바닥에 떨어진 호두를 줍기도 하고…. 훈자는 장수촌이라는 말이 맞았다. 주름 깊은 노인들도 부지런히 일을 하고 있었다. 길가에도 온통 사과가 발갛게 익어가고, 달콤하면서 아삭거리는 맛이 좋은 배도 달려있었다. 인심 좋은 훈자의 할머니가 사과를 듬뿍 손에 쥐여 주었다. 사과는 작고 단단한데, 새콤달콤한 맛이 일품이었다. 훈자는 4월 살구꽃이 피었을 때 가장 아름답다고 한다. 그 4월을 볼 수는 없었지만 9월의 훈자도 눈부신 가을 햇살과 청량한 바람에 사과가 익어가는 모습도 더없이 좋았다.

마을을 걷다 보니 낯선 이방인의 출현에 동네 아이들이 난리가 났다. 처음 보는 이상한 모습인 듯 뚫어져라 보거나 흘끔흘끔 쳐다보며 줄줄 따라오는 아이 중 가장 어려 보이는 여자아이의 손을 잡

나가르 마을 골목을 걷는 노인. 배웅하듯 마을 입구까지 따라왔던 아이들과 걷지 못하는 소년

왔다. 아이 손을 잡고 걷는 순간 마을 입구에 한 평 남짓 작은 점방이 있던 생각이 났다. 아이들에게 과자보다는 학용품을 사 주고 싶었는데 다행히 연필 두 다스를 살 수 있어 골고루 나누어 주었다. 아이들은 더 줄줄 따라왔다. 이거 나 원 참! '하멜른의 피리 부는 사나이'도 아니고 어쩌지…. 아이들을 피해 돌담길을 따라 골목으로

들어갔다. 그곳에도 아이들이 있었지만 마을 여인들도 수로 옆에서 일하고 있길래 허리를 숙여 공손히 인사를 먼저 했더니 환하게 웃어 주었다. 잠깐 사이에 좀 전에 사준 연필을 쥔 아이들까지 또 따라왔다. 이왕 이렇게 된 거 아이들과 놀기로 했다.

일단, 가방 속에 넣어 두었던 레모나 10봉을 모두 털어 비타민이라며 고루고루 아이들 입에 넣어 주었다. 아이들은 처음 먹어본 맛에 오묘하게 만족하는 표정이 귀여웠다. 그런데 내 곁에 오지 못하는 한 아이가 있었다. 그 아이는 다리에 장애가 있어 걷지 못하는 아이였다. 그래서 내가 아이 곁으로 갔다. 척박한 산골 마을에서 장애를 갖고 살아 내야 할 아이의 삶을 생각하니 너무 애잔했으나 내가 할 수 있는 일이라곤 손을 잡아 주는 것뿐이었다.

다음은 휴대폰으로 사진찍기 놀이, 아이들에게 동영상 촬영까지 가르쳐 주었더니 자기들 모습이 찍힌 모습을 보고 재밌어서 어쩔 줄 몰랐다. 동생을 찍고 나를 찍고 친구들을 찍었다. 아이들의 순수한 웃음에 내 마음이 정화되는 것 같았다.

아이들과 헤어질 때 한 명 한 명 안아주었는데 뭉클하고 울컥했다. 짧은 만남이지만 진심으로 아이들이 잘 자라 주기를 바라는 마음으로 안아주었다. 그중 똘망똘망해 보이는 남자아이가 자기를 따라오라고 했다. 밭을 가로질러 뛰더니 소를 돌보는 엄마에게 나를 소개했는데 말이 통하지 않으니 나는 그저 웃으며 고개 숙여 인사만 했다. 아이는 자기 집을 가리키며 자꾸자꾸 위로 올라갔다. 가

뜩이나 고산지대라 나는 숨이 차서 헉헉~ 아이가 자기 집 담 옆에서 따 주는 사과도 얻어먹고 떠날 시간이 되어 서둘러 내려왔다.

오는 길에 호두를 수확하는 할아버지를 만나 인사를 드렸더니 호두를 한 움큼 집어 주었다. 깊은 주름에 한쪽 눈은 반쯤 뿌연 막으로 덮여 잘 보이지도 않을 것 같은 눈으로 일을 하시는 모습이 인상 깊었다. 일하는 모습을 동영상으로 찍어 보여 드렸더니 환하게 웃으며 손을 잡아 주셨다. 주름 잡힌 거친 손에 정도 가득 묻어오는 듯했다.

졸졸 따라오던 아이는 자기 집에 다녀가는 손님을 배웅하듯 마을 입구까지 나를 따라왔다. 고맙고 또다시 볼 수 있는 날을 기약할 수 없기에 안타까웠다. 아이들과 함께한 두 시간은 짧지만 여운은 길었다. 관광객으로 현지인 마을에 갈 때 그들의 삶에 어떤 변화를 줄지 염려되기도 한다. 늦은 밤, 숙소에서 가슴 벅찬 모든 일들을 잊지 않기 위해 하루를 기록하며 마무리했다.

11日 훈자의 암각화, 아타아바드호, 파수 빙하

3~4천m를 오르내리다, 카라코람 하이웨이

훈자에서 아침에 눈을 떠서 제일 먼저 하는 일은 창문을 열고 설산을 바라보며 청정하고 깨끗한 자연을 호흡하는 일이다. 파키스탄의 최북단 국경도시 소스트로 가기 위해 훈자마을과 이별하고 다시 카라코람 하이웨이를 따라 길을 나섰다.

파수 빙하로 가는 길에 훈자강을 건너 쭉 뻗은 카라코람 하이웨이를 달리다 암각화를 그려 놓은 바위 앞에 버스가 멈추었다. 고대인들이 남긴 암각화 유적을 보기 위해서였다. 파키스탄에 이런 놀라운 암각화가 있을 줄 상상도 못했다. 자세히 보니 말을 타고 사냥하는 모습, 교미하는 산양, 칼을 든 사람 등을 단순한 선으로 새겨 놓았다. 누가 왜 이런 그림을 바위에 새겨 놓았는지 알 수 없으나 아마 고대인들은 사냥하고 싶은 짐승들을 그렸을 것 같다.

카라코람 하이웨이 곳곳에서 이런 암각화가 여러 곳에서 발견됐

다니 놀랍고 그 시대의 삶을 현재의 우리가 읽을 수 있다는 점이 좋았다. 이곳을 찾아 사진을 찍고 둘러보는 사람들이 많은 것을 보니 이 암각화 유적이 특별하다는 생각이 들었다. 그 옆으로 화려하게 치장한 트럭이 빠른 속도로 달려가는 모습에서 과거와 현재가 함께 하는 것 같았다.

아타아바드호

훈자에서 중국 방향으로 카라코람 하이웨이를 달리다 보면 아타아바드호가 나온다. 길이 22km, 깊이 최대 100m나 되는 이 거대한 호수는 2010년 1월 4일 훈자강 상류에서 일어난 대규모 산사태로 생겨난 댐이다. 산비탈에서 흘러내린 흙은 마을 전체를 덮치고 도로와 마을 앞을 흐르던 훈자강도 막고, 카라코람 하이웨이 일부 구간도 가라앉게 했다. 이로 인해 20여 명이 죽고, 5개 마을에서 4만여 명의 이재민이 발생했다. 마을의 농장도 학교도 집도 모두 사라진 것이다. 고립된 섬이 되어버린 파키스탄의 고산 마을 아타아바드 지역을 가기 위해서는 배를 타야 했다. 감자와 채소를 팔아 돈을 벌었던 마을 주민들은 도로가 막히자 돈을 벌 수 없으니 자식들 학비는커녕 생계를 유지하기도 어려워 마을을 떠났다.

그 후 2015년 중국의 자본으로 파키스탄 공병대가 여러 개의 터널을 뚫는 난공사 끝에 지금의 우회로가 만들어졌다. 배를 타고 건너다녔던 호수는 이제 대표적인 위락 관광지가 됐다. 수상스키, 짚

아타아바드 호수

라인, 보트 타기를 즐기는 사람들이 모여들고 있었다. 가두어진 물은 비극을 간직한 사연과는 아랑곳없이 보석처럼 아름다운 푸른 물빛이라 더 서글펐다. 이곳 사람들의 삶을 삼켜버린 곳이기 때문이다.

問10 카라코람 하이웨이는 어떤 길일까?

카라코람 하이웨이는 파키스탄의 아보타바드에서 중국 신장웨이우얼자치구의 카슈미르까지 1,200km에 이르는 왕복 2차선 도로다. 이곳은 카라코람 산악 지역을 통과해 공식 고도가 해발 4,693m에 이르는 쿤자랍 고개를 가로질러 중국과 파키스탄을 연결한다. 이 길은 자동차를 타고 달리면 꼬박 2박 3일이 걸릴 정도로 먼 거

카라코람 하이웨이

리다. 세 개의 산맥(히말라야, 카라코람, 힌두쿠시)과 두 개의 강(인더스강, 길기트강)이 얽히고설키며 흘러가는 이곳은 긴 세월 동안 인간의 발길을 거부했던 험준한 지역이었다. 고대 승려들이 불경을 가지러 인도로 떠났고 아시아와 아랍의 상인들이 목숨을 걸고 절벽을 올랐던 길이다. 중세에는 칭기즈칸 시대 몽골제국의 진격로로 이용되면서 '카라코람'이라는 지명도 몽골제국의 수도인 '카라코람으로 통하는 길'이라는 뜻에서 유래했다.

하지만 새로운 문명을 향한 인간의 도전과 모험정신은 이곳에 결국 길을 만들었다. 1966년 건설을 시작해 무려 12년에 걸친 난

공사 끝에 1978년 6월에 개통했다. 험준한 지형 탓에 공사는 순조롭지 못했다. 그 과정에서 무려 3,000명이 넘는 사람이 희생됐다고 한다. 값비싼 대가를 치르고 열린 길은 올드 실크로드를 역사 속으로 남기고 새로운 시대를 여는 상징이 됐다.

해발 3,000~4,000m에 이르는 길을 오르내리다 보면 고산증도 생기고 마땅한 휴게소나 화장실도 없어 불편하지만, 최고의 경관을 볼 수 있다. 이 길로 파키스탄의 명물 아트 트럭과 소형 트럭을 개조해 뚜껑을 씌운 마을버스 스즈키, 오토바이, 여행자들을 실은 미니버스와 비포장도로에도 끄떡없는 지프, 중국에서 들어오는 물품을 실은 컨테이너 수송차량까지 달리고 있다. 카라코람 하이웨이의 핵심은 훈자→소스트→쿤자랍고개→파미르고원→타슈쿠르간 구간이다. 아무리 험난한 자연이라도 인간의 의지보다 강할 수 없음을 보여주는 길이다.○

問11 카라코람 하이웨이는 왜 '죽음의 도로'라는 별명이 붙었고, 산사태는 왜 일어난 걸까?

칭기즈칸의 시대 수도로 통하는 길이라는 뜻으로 붙여진 이름 '카라코람'. 피의 계곡이라 불릴 정도로 험준한 지형인 이곳은 거대한 빙하와 사막기후에 쉽게 부서지는 편마암, 판 경계지역이라 지진도 자주 일어난다. 최근 지구온난화로 인한 빙하 유실과 자연변화가 가장 활발하게 이루어지고 있는 현장 또한 바로 이곳이다. 파

후싸이니 두트 다리

키스탄 지역의 빙하는 지난 35년간 10㎞ 이상 유실됐다고 한다. 지진이 잦은 이곳에 빙하가 녹아 지반이 약해지면 산사태 위험은 더욱 커진다. 도로 공사를 위해 최대한 바위를 아래로 밀어내기 위해선 다이너마이트로 폭파하는 것이 유일한 선택이다. 그렇게 산을 계속 폭파하면서 카라코람에는 균열이 가게 되고, 산은 무너질 수밖에 없다.○

후싸이니 서스펜션 다리

뿔처럼 솟구친 6,106m의 봉우리들이 하늘을 찌르고 있는 곳, '파수콘', '파수 피크'가 보이는 후싸이니 마을 앞에는 훈자강을 가로지르는 후싸이니 두트 다리가 있다. 강 양쪽에 쇠줄 2개를 연결하고, 어설프게 듬성듬성 나무판을 연결해 만든 출렁다리다. 나무의 간격은 어린아이 몸통이 빠질 만큼 간격이 넓다. 다리 길이가

800m인데, 보기만 해도 아찔하다. 출렁거림이 심해 추락 위험도 있고 실제로 올라서서 걸어가려고 하면 엄청난 공포감이 몰려온다. 이 다리의 정식 이름은 '두트 다리' 혹은 '후싸이니 다리'인데, 관광객은 영화 〈인디펜던스 1〉을 이곳에서 촬영했다고 '서스펜션 다리', '인디펜던스 다리'라고도 부른다.

사진을 찍기 위해 다리 위에 서 있는 사람도 있고 걷다가 포기하고 되돌아오는 사람도 있었다. 마을 사람들은 이 다리를 건너가 여름철 빙하가 녹는 3개월간 농사를 짓는다고 한다.

보리스호

파수 빙하로 가는 길에 도저히 차가 올라갈 수 없을 듯이 보이는 산길을 비틀거리며 Z자 모양으로 30여 분 올라가던 버스가 멈추어 섰다. 산 위에 펼쳐진 호숫가 식당에서 식사하기 위해서다. 주문한 식사가 준비되는 동안 호수 쪽으로 내려갔더니 빨간 열매가 달린 나무와 노란 마리골드, 보라색 국화가 에메랄드빛 호수와 어울려 마음도 힐링이 됐다. 바로 눈앞에 풀을 뜯는 소와 청명한 가을 하늘 아래 펼쳐진 설산이 평화롭게 보였다. 레스토랑의 주인은 수염을 멋지게 기른 할아버지였다. 검은 선글라스를 끼고 환한 웃음으로 문지기처럼 입구에 앉아 있는 모습이 인상적이었다.

파수 빙하

　보리수호를 지나 파수 빙하로 가는 길에 차창 밖으로 마른 땅에 하얀 표지석만 세워둔 공동묘지가 보여서 황량했다. 버스로 15분 정도 달려가 만년설을 이고 있는 파수 빙하를 만났다. 길이가 20.5 km나 되는 빙하에는 갯벌 같은 토사가 흘러내린 흔적이 그대로 남아 있었다. 상류에서 암석과 토사를 몰고 빙하가 이동했기에 온통 머드팩 색이었다. 무지개 브리지의 빙하 소리는 웅장했다. 설산이 녹아 흘러내리는 물줄기는 우렁차서 가슴을 뻥 뚫어 주는 것 같았다. 하지만 만년설의 양이 생각보다 적어 안타까웠다. 우리가 모두 걱정하는 지구온난화의 이상 징후일 것이다. 지구는 점점 뜨거워지고 있는데 이걸 어쩌면 좋을까. 오후 4시경에 소스트에 도착했다. 소스트는 카라코람 고속도로에서 중국 국경을 넘기 전 파키스탄에 속하는 마지막 마을이다. 이곳엔 세관과 출입국 관리소가 있고 중국과 교역을 위한 각종 화물 창고가 많다. 중국과 파키스탄 국경을 넘는 사람들은 이곳에서 출입국 절차를 마쳐야 하고, 중국으로 가는 국경 버스를 갈아타거나 파키스탄 북부 지역으로 가는 교통편을 구한다.

　카라코람 고속도로를 달리다 보면 검문소나 도로 주변 잘 보이는 곳에 파키스탄과 중국 간의 우호를 나타내는 구호가 수없이 많다. 중국이 추진하는 일대일로(一帶一路) 육상·해상 실크로드 프로젝트 안에서 중국은 우호 관계를 강조하지만 파키스탄은 심각한

부채를 떠안게 되니까 오히려 중국의 성장만 확대되는 경제 침략이라는 의견도 있다.

  소스트에서 묵게 된 숙소는 주변에 다른 건물이 없어 썰렁했다. 건물의 테라스에서 바라보는 주변 풍경은 목가적이었다. 양들이 풀을 뜯고 닭들은 제 멋대로 뛰어다니고, 농부는 땔감을 모았다. 그런데 이곳은 전기 사정이 열악해 불이 나갔다가 들어오기를 반복하고 인터넷 연결이 이어졌다가 끊어졌다 해서 불편했다. 소스트에 해가 지면서 어둠이 내리고, 저절로 문명 세상과도, 그리운 이들과의 소통도 중단하고 온전히 쉬는 것도 나쁘지 않았다.

3부

중국 신장웨이우얼

12日 소스트에서 쿤자랍 고개를 넘어 타슈쿠르간으로

봉인 스티커가 붙은 차를 타고 쿤자랍 고개를 넘다

오전 8시 소스트의 숙소를 출발했다. 파키스탄의 국경 마을이라 그런지 시내에도 무장 경찰들이 많이 보였다. 파키스탄 이민국에 도착 출국 수속을 받고 약간의 긴장감을 안고 실제 국경인 쿤자랍 고개로 향했다. 가는 길에 쿤자랍 국립공원 입구에 도착해 통행료를 냈다. 파키스탄인은 무료인데 중국인과 외국인은 요금을 내야 했다.

차를 타고 산 위로 쭉 올라가 2시간 정도 지났을까. 중국 관할인 쿤자랍 고개 이민관리국에 도착했다. 이곳의 중국 공안은 굉장히 깐깐해서 긴장하게 했다. 신발을 벗고 몸수색을 받았고 X-ray, 금속탐지기와 마약 탐지견이 등장하고 배낭을 풀어 헤치고 검사를 하느라 시간이 오래 걸렸다. 게다가 해발 4,693m 고지대라 고산증이 오니까 머리가 무겁고 속이 울렁거리고 배도 아프고 가스가 차

쿤자랍 패스

서 불편했다.

  이곳에서 다시 중국 쪽에서 온 차량으로 바꿔 타고 중국 세관이 있는 국경도시 신장웨이우얼자치구 타슈쿠르간까지 3시간 정도 이동했다. 참 이상한 것은 쿤자랍 고개를 넘어서자 파키스탄과는 다른 풍경이 펼쳐졌다. 거침없이 시원하게 뚫린 도로, 드넓은 초원에는 유목민의 숙소인 하얀 유르트가 점점이 보였다. 나무숲이 있는 마을도 보이고, 거미줄처럼 전봇대가 사방으로 줄지어 있는 모습도 인상적이었다. 도로는 한산하고 방목하는 가축들이 도로를 점령하기도 했다.

  재미있게도 우리 일행이 탄 차의 문을 닫고 밖에서 봉인 스티커를 붙여 놓았다. 중간에 내릴 수 없다는 의미의 이 스티커는 타슈쿠르간에 도착하자 그곳 직원이 인원을 확인하고 떼어 주었다.

입국장 밖으로 나오니 중국화된 건물과 붉은색 간판, 시진핑 사진도 보이고, 공안들의 모습을 보니 중국에 들어왔음을 실감했다. 파미르고원 동쪽에 있는 타슈쿠르간은 '타슈' 석(石)과 '쿠르칸' 성(城), 즉 '돌의 성'이란 뜻이다. 중국 소수 민족인 타지크족 자치 현의 중심도시인데 중국 본토의 한족들도 여행을 많이 오는 곳이다. 색다른 문화와 살아있는 자연의 비경을 볼 수 있기 때문일 것이다. 타슈쿠르간에 도착해 가장 먼저 한 일은 시계를 베이징 시각보다 2시간 늦은 시각으로 조정하는 거였다. 숙소를 찾아오니 방마다 번호에 8이 붙어 있었다. 중국에서 8은 행운을 가져다주는 숫자라고 생각하기에 그렇게 해 놓았나보다 생각했다. 달라진 풍경에 적응하며 저녁 식사를 하러 근처 식당가를 찾았다. 마침 한식을 먹을 수 있는 식당이 있어서 시원한 냉면을 사 먹었다. 하루 종일 긴장하고 기다리며 지내느라 입맛이 없었는데 한국에서 먹던 맛과 비슷한 냉면을 먹으니 기분이 한결 나아졌다.

어둠이 내리는 식당가 골목 앞에는 한족과는 다른 생김새를 가진 꼬마 셋이 장난을 치며 놀고 있었다. 신장웨이우얼 지역에 사는 소수 민족은 중국 공산당 정부의 방침에 따라 자기네 고유한 언어와 문화를 제한받으며 살고 있다. 이들의 미래는 어떻게 될까? 생각하니 마음이 무거웠다. 그리고 이곳은 정보 제한 구역이라 와이파이 사용이나 SNS에 사진을 업로드하는 것도 되지 않았다. 한국에서 보내오는 문자나 사진을 볼 수 있어도 내가 보내는 것은 한국에서 볼 수 없으니 답답했다.

問12 신장웨이우얼의 시간은 왜 베이징보다 2시간 차이가 날까?

중국의 시간대는 베이징 시각으로 통일됐기 때문에 공식적인 중국 내의 시차는 존재하지 않는다. 그러나 북경과 너무 떨어져 있기에 신장웨이우얼지역에서는 자체적인 표준시를 사용해 출퇴근 시간을 현지 시각에 맞게 조정한다. 베이징에서 오전 9시 출근하고 오후 5시 퇴근한다면, 이곳에서는 오전 11시 출근하고 오후 7시 퇴근하는 식이다.

問13 신장웨이우얼은 어떻게 중국의 지배를 받게 됐을까?

신장웨이우얼은 중국 전체 면적의 6분의 1을 차지하는 땅으로 '신장'은 새로운 영토, '웨이우얼'은 단결과 단합이라는 뜻을 담고 있다. 원래 몽골제국의 서부 지역에 살던 유목민인 오이라트족이 살고 있었는데 1756년 청나라가 이곳을 침공해 대대적인 학살을 감행하며 점령했다. 그리고 이곳에 위구르족을 이주시켰고, 소수의 청나라 군대가 주둔하며 중국의 영향력 아래로 들어간 것이다. 그런데 1840년 영국이 청나라로 유출되는 은화를 다시 회수하려고 일으킨 아편전쟁에서 승리하자 러시아도 청나라를 얕잡아 보게 되었다. 영국과 러시아는 신장웨이우얼 지역에 영사관을 설치하고 그들의 상품시장과 원료 공급기지로 만들고 금융과 통신 등을 장악해 버렸다. 당시 청나라에서는 관료의 부패와 사회적 불만, 서구 열강의 침략에 불만을 품은 태평천국의 난이 일어나게 됐다.

이때 위구르 지역 독립운동가들이 봉기를 일으켰다. 1865년 '야쿱벡'은 영국 등 외세의 도움으로 신장웨이우얼 지역을 장악했다. 청나라 신하 이홍장은 이곳이 쓸모없는 땅이니 버리고 일본을 방어하는 게 낫다고 했지만 간쑤성을 총독 좌종당은 변방이 무너지면 안 된다고 강력하게 주장했다. 결국 서태후가 좌종당의 손을 들어 주었고, 65세 노령의 좌종당은 6만 대군을 이끌고 신장웨이우얼 지역으로 출정해 야쿱벡 정권을 무너뜨렸다. 후에 청나라가 멸망한 후에도 위구르족은 수차례 중국으로부터 무력 투쟁을 벌이며 독립하려고 했지만 그때마다 실패하고 오히려 더 탄압을 받았다. 그러다가 1949년 마오쩌둥에 의해 공산주의 국가 중국이 탄생하고, 1955년 신장웨이우얼 자치구를 설치한 것이 오늘에 이르렀다. 1990년대 구소련이 붕괴하면서 위구르족 독립운동 단체들이 이곳에 동투르크메니스탄 공화국을 세우기 위해 무력 투쟁에 들어가면서 이곳은 중국의 뜨거운 감자가 됐다.

또한 신장웨이우얼 지역에 석유와 많은 양의 지하자원이 발견되면서 중국 정부는 한족 인구를 더욱 유입시켰고, 자치구의 자원을 중심으로 한 경제적 이익을 한족이 독차지함으로써 위구르족의 반발과 분리 독립의 투쟁은 현재도 계속되고 있다. 따라서 위구르인에 대한 중국공산당 정부의 감시와 탄압, 차별은 물론 정체성 흔들기도 계속되고 있다. 파란 눈에 둥근 모자를 쓴 위구르인들이 중국어를 해야 일자리를 얻을 수 있으니 독립 국가를 갖지 못한 민족의 운명이 얼마나 서글픈 것인지 절감했다.

13日 타슈쿠르간에서 카슈가르로

신라의 혜초가 머물렀던 불교 순례지, 석두성

타슈쿠르간의 아침은 타지키스탄의 전통춤 공연을 보면서 시작했다. 석두성 유적지를 보러 갔는데 마침 입구에서 공연이 있었다. 타지크족의 전통의상을 입은 남녀 무용수가 전통음악에 맞춰 흥겹게 춤을 추었다. 한족과는 다른 모습이라 이곳이 이슬람 분리 독립 운동을 하는 곳이라는 사실이 새삼 떠올랐다.

타슈쿠르간 석두성은 해발 3,000m의 고원 도시로 당나라 때는 안서도호부 파미르 기지가 있었던 곳이다. 하지만 세월이 지나 예전의 영광은 사라지고 폐허가 됐다. 성벽은 온통 무너져 돌덩이만 남았고, 4개의 성문 역시 상당 부분 붕괴했고 일부 옹성과 성문만 볼 수 있었다. 눈에 보이는 곳곳에 돌이 가득했는데 예전부터 이곳에는 왜 이렇게 많은 돌이 있게 된 건지, 어떤 지구의 비밀이 있는 건지 궁금했다. 석두성 바로 옆에는 초원이 펼쳐지고 파노라마처

석두성

럼 펼쳐지는 파미르산맥과 곤륜산맥의 풍경도 일품이었다.

　석두성 박물관을 찾았는데 당나라 고승인 현장법사의 《대당서역기(大唐西域記)》를 비롯한 많은 고서와 고선지 장군에 관한 내용이 있었다. 신라의 혜초 스님도 천축국이었던 인도 순례를 마치고 이곳에 들렀다. 석두성은 불교 신자들에게 성지순례지로도 의미 있는 곳이다. 불교의 발전은 인도와 중국을 연결하는 실크로드와 함께했음을 부인할 수 없는 흔적이 석두성에 남아 있었다.

問14 실크로드란?

　실크로드는 동양과 서양을 잇는 오래된 무역로다. 중국 장안에서 시작해 허시후이랑을 가로질러 타클라마칸 사막의 남·북변을 따라 파미르고원, 중앙아시아 초원, 이란고원을 지나 지중해에 이르렀다. 실크로드에는 많은 갈림길도 있었다. 그 가운데 가장 많이 이용된 길은 남쪽으로 방향을 틀어 인도로 가는 길이었다.

실크로드 즉 비단길이라고 부른 것은 중국과 서쪽 사이에 거래됐던 가장 중요한 상품이 비단이었기 때문이다. 그밖에 도자기, 향료, 종이, 차(茶), 유리, 양탄자, 옥, 그리고 과일과 야채도 있었다. 사람들은 진귀하고 신기한 물건에 관심을 가졌고 비싼 가격에 샀다. 또한 비단길은 종교와 문명, 사상과 예술을 교류하는 길이었다. 불교·이슬람교·조로아스터교 같은 고대 페르시아 종교가 실크로드를 통해 퍼졌고, 천문학·수학·의학에 대한 지식도 흘러 들어갔고, 인도 불교와 그리스 문명이 만나 간다라 미술도 발전했다.

많은 나라가 실크로드에서 번성했고, 멸망했다. 특히 몽골 칭기즈칸은 중앙아시아와 유럽까지 거대한 지역을 정복하면서 안전한 실크로드를 만들었다. 예전에는 침략자들에게 약탈과 몰살을 당하기도 했지만 12세기 이후에야 비로소 안심하고 무역하고 여행을 할 수 있게 되었다. 뒷날 대항해 시대에 접어들면서 실크로드는 쇠퇴하고 바다를 이용한 길이 세상을 바꾸었다. 그렇지만 실크로드는 동아시아, 중앙아시아, 인도, 서아시아, 지중해와 서로 다른 세계의 문명을 발전시키고 인류가 진보할 수 있도록 한 것에 큰 의미가 있다. ⬡

버스를 타고 넓은 파미르고원 위를 달리다 빙하의 아버지라 불

무스타가타산과 말

리는 7,546m '무스타가타산'을 만났다. 과연 그 이름에 걸맞은 눈부신 설산이 웅장하게 서 있었다. 이 길 위에는 초원과 호수가 있고, 하얀 구름 모자를 쓴 듯한 설산, 거대한 사막이 나타나기도 했다. 바닥엔 마른풀이 소복하게 자라는 곳도 있지만 거친 돌이 흙 속에 파묻힌 곳도 있다. 그 위로 말과 양들이 풀을 찾아다니고 저 멀리 지평선 가까이에는 낙타가 홀로 걸어가는 모습도 볼 수 있었다. 그 모습이 고독하고 외로워 보이기도 했고, 낙타는 주인이 있는 건지 아니면 스스로 사막에서 생존하고 있는 것인지 궁금했다.

問15 낙타는 왜 홀로 사막을 걸어가고 있었을까?

낙타는 흙무더기를 옮겨 산을 만드는 모래바람 속에서도, 머리카락조차 녹아낼 것 같은 뜨거운 태양 아래서도 살아간다. 낙타는 후각이 발달하여 1.5km 밖의 물도 찾아낼 수 있고 날카로운 가시풀도 먹는다. 사막에서 모래바람이 불어올 때면 눈썹이 길어 눈을 보호하고, 코와 귀에도 판막이 있어서 열렸다 닫혔다 하니 숨을 쉬는 데 끄떡없다. 발바닥은 접시처럼 넓적해서 모래 위를 걸어도 빠지지 않고 뜨거운 모래의 열기도 잘 견딘다. 단봉낙타는 모래사막을, 쌍봉낙타는 자갈밭을 거뜬히 걸어 다닐 수 있다.

광풍이 불어닥칠 것도 미리 예견할 만큼 영리해서 사람에겐 훌륭한 길잡이 역할을 해 주었다. 200kg의 무게를 등에 질 수 있어서 짐을 실어 나르는 데도 편리하다. 낙타의 등에 난 혹은 영양 창고다. 그의 힘은 등에 있는 저장 창고에서 나오는데 먹이가 부족한 겨울철에는 혹이 줄어들었다가도 봄에 다시 풀을 먹으면서 살아난다. 실크로드 시절 낙타 1마리와 양 100마리, 말은 10마리와 바꿀 수 있었다고 하니 낙타가 유목민에게는 정말 소중한 재산이었다.

낙타는 새끼를 낳을 때 무리를 떠나 한갓진 곳에서 홀로 새끼를 낳는다. 그리고 새끼가 스스로 일어날 때까지 기다렸다가 새끼가 젖을 물을 수 있을 때 무리로 돌아온다.

유목민은 전쟁 중이거나 이동 중에 사람이 죽으면 풍장이라는 장례를 치렀는데 그때 낙타 어미와 새끼 낙타를 이용했다고 한다. 풍장은 초원에 시체를 두었다가 나중에 뼈를 다시 거두는 방식이다. 낙타 어미가 보는 앞에서 새끼를 죽이고 새끼를 땅에 묻고 떠난 후 다시 돌아오는 거다. 넓은 초원에서 사실 어디다 묻었는지 위치를 기억하기는 어렵다. 하지만 어미 낙타는 시간이 지나도 죽은 새끼의 냄새를 기억하고 새끼가 죽었던 그 자리를 다시 찾아오는 습성이 있다고 한다. 그것을 알고 어미 낙타가 찾는 곳으로 가서 뼈를 수습하는 것이다. 인간을 위해 눈앞에서 새끼가 죽어가는 모습을 보았을 어미 낙타를 생각하면 마음이 안 좋다. 그래도 다행인 건 지금은 그런 풍습이 사라졌다고 한다.○

카라쿨호, 백사산·백사호, 홍산

거대한 사막을 지나고 카라쿨호에 도착했다. 호수를 사이에 두고 인접해 있는 용의 형상을 한 콩구르산(7,700m)과 무스타가타산(7,546m)을 바라보며 에메랄드빛 호수에 비친 설산의 그림자에 황홀했다. 해발고도가 3,620m인 이곳에서 고산 증세가 와서 숨이 차긴 해도 멋진 풍경을 넋 놓고 바라보았다. 숨쉬기가 불편한 사람은 휴대용 산소통을 사서 흡입했다. 마침 호수를 바라보며 신선한 산소를 흡입하던 중국인 관광객이 내게 자신의 모습을 사진을 찍을 수 있게 포즈를 취해 주었다. 신기해하는 내 표정이 재밌었나 보다.

카라쿨호 유르트 식당에서 점심을 먹고 약 30분을 달려 백사산을 볼 수 있는 백사호에 갔다. 하얀 모래가 쌓인 백사산과 에메랄드빛 호수의 물빛은 눈을 뗄 수 없을 정도로 눈부셨다. 이곳은 옥이 많이 생산되는 곳이지만 가짜가 많으니까 구입할 때는 신중해야 한다. 옥인 줄 알고 샀는데 플라스틱이었다고 하는 사람도 있었다.

백사산과 야크

　다시 카슈가르로 향해 가는 길에 붉은 협곡을 지나 5채산 공원이라고도 하는 홍산에 잠시 들렀다. 이곳 지형은 철 성분이 많아 붉게 보였다. 한국이 이웃 나라라고 화장실 위치 표시와 간단한 표지판도 한글로 해 놓아 편리했다. 입구에 감자를 파는 남자가 있어 자세히 보니 감자가 아니라 노란 돌이었다. 황옥 원석인 듯 보였는데 아무도 사 가는 사람이 없어 남자는 언제 돈을 벌 수 있을까 걱정이 되었다.

　농촌의 들녘에는 옥수수가 익어가고 수확한 노란 옥수수를 걸어 놓고 말리는 모습, 초지에 양과 말들이 풀을 뜯는 모습도 한가롭게 보여 마음을 평온하게 했다. 들판에는 밭작물들이 자라고 있고 수로가 잘 정비돼 물이 졸졸 흐르고 있었다. 도로 옆에는 우리나라 국화인 무궁화도 가로수의 일부로 활짝 피어 있어 반가웠다.

위구르인의 영원한 고향, 카슈가르

오후 6시가 지나면서 카슈가르 신시가지에 들어섰다. 고층아파트와 고층 건물이 빼곡하고 신도시 건설을 위해 새로 짓고 있는 아파트 단지와 도로를 가득 메우는 자동차와 오토바이 행렬이 활기 있었다. 인구가 많으니까 북적북적한 생기가 느껴져 부러웠다.

신도시와 구도시로 나누어지는 카슈가르에서 지내게 된 숙소는 과거 영국 영사관이 있던 자리에 지은 호텔이라고 했다. 근처에 러시아 영사관이 있던 곳은 식당이 되었다. 카슈가르는 과거 실크로드의 교차 지점이고 국제 무역의 중심 도시였기에 19세에 들어서는 열강의 각축장이 된 것은 아니었을까 생각해 봤다.

저녁은 근처 식당에서 라그만과 케밥을 먹고 구도시 중심에 있는 전통시장인 바자르를 찾았다. 그런데 이곳에서는 어디서나 위구르인들이 모여 살던 곳으로 들어가려면 엄격한 검문검색을 거쳐야 했다. X-ray 투시기를 거치고 가방을 열어 보여야 했다. 중국은 위구르인의 분리 독립 운동을 차단하고 테러를 예방한다는 명목으로 그렇게 하나 보다. 역설적이게도 구도심인 올드타운은 여행자에겐 그런 이유로 가장 안전한 곳이었다. 곳곳에 공안이 서 있고, 모르는 것이 있어 물어보면 스마트폰까지 꺼내 들고 친절하게 알

카슈가르 구시가지 야경

려 알려 주고, 거리에는 먼지 한 톨 있어서는 안 될 것같이 깨끗하게 청소가 돼 있었다.

위구르인의 마음에 고향이라는 '카슈가르'에 중국의 한족 문화가 파고 들어간 시기는 2001년 중국 내륙인 우루무치에서 카슈가르까지 철도가 완성되면서부터다. 중국 공산당의 한족 이주 정책과 한족 관광객이 몰려오면서 호텔이 들어서고, 청년들은 한족 기업에 취업하기 위해 중국어를 공부하게 됐다. 이곳에 사는 사람들의 얼굴을 보면 아랍, 튀르키예, 중국인을 섞어 놓은 것 같은 모습이다.

대낮처럼 환하게 켜 놓은 조명 속에 온갖 물건과 먹거리를 파는 야시장을 돌아보고 오다가 과일을 샀다. 석류와 포도·납작복숭아·

무화과·망고를 샀는데 값도 저렴하고 아주 달고 맛있다. 이곳은 고온 건조한 지역인 데다 일조량이 풍부하기 때문이다. 마치 아랍 어느 도시의 골목을 걷는 듯 이국적인 이곳의 골목은 미로처럼 복잡해서 비교적 넓은 곳을 찾아 걸었다. 지글지글 익어가는 양고기에서 피어오르는 뿌연 연기와 손님을 부르며 춤과 노래로 흥을 돋우는 식당 종업원들의 모습도 인상 깊었다. 먹고 사는 일이 중요하다 보니 위구르인도 돈을 벌기 위해 한족이든 외국인이든 상관 않고 열심히 일해야 하니 말이다.

14일 동서양의 교차로 카슈가르

천년의 비파 소리에 남은 뼈조차 향기롭네, 향비원

1000년 역사를 이어온 가축시장

카슈가르의 아침은 1000년 역사를 이어온 가축시장을 찾는 것에서 시작했다. 매주 일요일에 열리는 가축시장은 우리나라 시골 마을 오일장처럼 정겹고 온갖 물건과 먹거리가 넘쳤다. 각종 말린 과일과 견과류·꿀·유제품을 팔고, 커다란 가마솥을 걸어 놓고 즉석에서 양을 잡아 푸짐하게 끓여대거나 기름에 볶아 먹는 위구르식 볶음밥 '플롭', 화덕 안쪽 벽에다 붙여 구워 내는 빵, 방석 크기만큼 둥근 빵, 즉석에서 해체해 파는 양이나 쇠고기 등이 있었다. 냉장시설 없이 도축한 고기를 매달아 놓고 파는 것이 인상적이었다. 고온 건조한 기후라 실온에 두어도 고기가 상하지 않나 보다. 옷이나 신발 종류도 풍성했다. 다른 한쪽엔 가축을 키우는 데 필요한 도구나 장식품을 갖추고 전통 털모자 등 없는 게 없을 것 같은 큰 규모

1000년 역사를 이어온 가축시장

의 시장이었다.

 온갖 가축들의 울음소리와 냄새로 뒤섞인 가축시장 쪽으로 갔다. 트럭에 실려와 내리지 않으려 버티던 소는 결국 우리에 꼼짝없이 묶여 갇혀 버렸다. 말·양·소·염소·야크·닭은 물론 낙타도 새로운 주인을 만나기 위해 묶여 있었다. 그들도 제 운명을 아는지 모든 것을 포기한 양 눈을 감고 있는 놈, 아직도 혈기가 남아 버둥거리는 놈…. 다음 생이 있다면 더 나은 운명으로 태어나길 빌어 주었다.

 그런데 낙타의 수는 다른 동물에 비해 적었다. 그건 과거 사막이나 초원에서 낙타나 말에 상품을 싣고 떼를 지어 먼 곳으로 다니면서 장사하던 카라반의 시대가 이미 지나갔기 때문일 것이다. 이제는 고속도로가 생기면서 낙타 대신 트럭이 많은 짐을 싣고 다닌다. 외딴 오아시스 마을에서 제 역할을 하는 낙타도 있지만 많은 낙타들이 관광용으로 전락해 사진 찍기의 대상이 되거나 관광객을 태우고 사막 언저리를 걸을 뿐이다. 카슈가르의 가축시장은 위구르인의 문화와 삶의 체취를 느낄 수 있는 곳이라 좋았다.

問16 파미르고원의 유목민에게 야크는 어떤 동물일까?

'세계의 지붕'이라는 별명을 가진 파미르고원은 평균 높이 6,100m 이상이다. 중앙아시아의 톈산산맥, 카라코람산맥, 쿤룬산맥, 티베트고원, 히말라야 등의 산맥에서 힌두쿠시까지의 산줄기들이 모여서 이루어진 곳이다.

파미르에서 살아가는 유목민에게 가장 중요한 가축은 야크다. 짐을 나르거나 사람을 태우고 다닌다. 야크는 우유와 고기를 얻기 위해 키우는데 특히 젖은 지방이 많으면서 되직해 크림과 버터를 많이 만들 수 있다. 옆구리의 긴 털은 끈이나 로프를 만들고, 모피는 가죽의 원료로 사용한다. 똥을 말리면 나무가 자라지 않는 고원지역에서 유용한 연료다. 해발 4,000m 이상 고지대에 사는 야크의 털은 검은색이고 옆구리와 꼬리의 부드러운 털이 촘촘해 추위에 잘 적응하고 낮은 곳이나 따뜻한 곳에서는 살지 못한다. 거친 풀은 소화하나 곡식을 먹지 않고 겨울에는 물 대신 눈을 먹는다고 하니 고산 지대에 살기에 적합한 최고의 가축이다. 그런데 야생 야크는 현재 숫자가 감소해 멸종위기에 처한 동물이 됐다.○

아름다운 향비원

카슈가르의 대표적인 유적지 향비원을 찾았을 때는 관광객이 어찌나 많은지 입구부터 북적였다. 파란색의 기하학적 무늬가 있는 아치형 성문 앞에서 입장권을 구매하고 안으로 들어갔다. 소수민족의 민속공연을 볼 수 있었는데 모두 자기네 문화와 역사를 담은 이야기를 경쾌하게 몸짓으로 보여 주었다. 본 공연이 시작되기 전 무대 위에서 먼저 춤을 추며 분위기를 끌어 올리는 여자아이의 귀엽고 예쁜 모습이 사람들의 눈길을 끌었다.

신장웨이우얼자치구 지역에 사는 위구르, 카자흐, 우즈베크, 타지크, 키르기스인 등은 '동투르키스탄'으로 불리고 싶어 한다. 지금 우리가 부르는 '신장웨이우얼'이라는 말은 중국이 무력으로 점령하고 붙인 '새로운 땅'이라는 뜻이라 위구르인들은 좋아하지 않는단다.

향비원의 정원은 참 아름답다. 곳곳에 사랑을 속삭이는 연인들이 오붓한 시간을 보낼 수 있는 공간도 있고 백양나무 그늘은 아주 시원하다. 담으로 둘러싸인 공동묘지도 있는데 셀 수 없는 많은 무덤이 질서 있게 늘어서 있다. 단순한 것도 있고 아름다운 곡선으로 조각해 놓은 것도 있다. 그 옆에 네 귀퉁이의 원기둥과 중앙돔을 가진 전형적인 이슬람 영묘가 있다. 모스크처럼 생긴 푸른색 돔 지붕을 가진 단층 건물인데, 돔에는 아름다운 비취색 타일이 군데군데 파손되거나 떨어져 나가기도 했지만 품위가 느껴지는 건물이다.

바로 향비묘라고 불리는 '아파크호자 가문의 가족묘'이다.

영묘 안에는 크기가 제각각인 석관에 비문이 새겨져 있는데, 그 중 가장 큰 것이 아파크호자의 관이라 한다. 오른쪽에 작은 석관이 있는데 향비의 관이고, 당시 관습대로 어머니 묘 옆에 묻힌 것이라는데 비슷한 크기의 작은 묘가 많아 어느 것이 진짜 향비의 관인지는 알 수 없었다. 향비묘에 헌사 된 시 내용을 보면 그녀가 얼마나 위구르인에게 사랑을 받았는지 알 수 있다.

"향기로운 바람은 십 리에 불어 영혼이 깃든 곳을 위로해 주고 천년의 비파 소리에 남은 뼈조차 향기롭네."

問17 비극적 운명을 가진 '향비'의 진실은 무엇일까?

지금부터 250년 전 향비는 위구르족 여인으로 전쟁 포로가 되어 청나라 건륭제에 바쳐졌다. 그녀가 카슈가르의 한 위구르 족장 부인이었다는 설도 있고 또 사랑하는 사람이 있었는데 강제로 끌려갔다고도 전한다.

몸에서 아름다운 향내가 나서 '향비'라고 불렀던 이국적인 미모의 25세 향비에게 건륭제는 마음을 뺏겼다. 황제는 자금성 안에 이슬람식 궁궐을 지어 향비가 거처하도록 했다. 그러나 향비는 고향을 생각하며 음식도 제대로 먹지 못하고 슬픔에 잠겼다. 건륭제는 이탈리아 선교사를 불러 여러 점의 향비 초상화를 그리게 했다.

하지만 향비는 죽어서 고향으로 돌아온다. 황제의 어머니가 향

향비원

비를 미워해 건륭제가 없는 사이 죽였다는 설도 있고, 향비가 남편을 잃은 아픔과 고향을 떠나온 슬픔 때문에 항상 몸에 지니고 있던 단도로 스스로 목숨을 끊었다는 이야기도 있다. 향비는 124명의 카슈가르 사람이 마련한 특별한 상여에 운구돼 북경에서부터 3년 만에 카슈가르 아파크호자 가문의 공동묘지에 모셔졌다. 실제 역사에는 건륭제의 41명 후비 중에 유일한 위구르족 여자로 '용비(容妃)'라고 불렸던 향비는 55세로 승하해 청동릉의 유릉비원(裕陵妃園)에 묻혔다.

세월이 흘러 그녀는 위구르인의 자존심으로 부활해 공연이나 예술 작업에 활용되고 있다.◯

그런 사연 알기에 향비원를 나오다 입구에 즐비한 칼을 파는 가게를 보니 향비가 떠올랐다. 카슈가르에는 지금도 전통적인 방식으로 대장장이들이 만든 칼을 파는데 손잡이는 말뼈, 동, 은 등의 재료를 사용한다. 지역의 특산품이 된 칼을 파는 가게 입구에 칼을 들고 있는 위구르 여인이 그려진 광고를 보며 향비는 아직도 카슈가르 사람들의 자존심으로 남아있다는 생각이 들었다.

근처에 있는 청진사에 들렸다, 청진(淸眞)이란 '청결하고 참된 곳'이라는 뜻으로 카슈가르에서 위구르인의 정신을 지배하는 이슬람교의 본산지다. 사원 내부는 녹색의 기둥이 줄지어 서 있는 것 외에 장식적 요소는 없다. 단지 천장에 아름답고 정교한 무늬가 있을 뿐이다. 건물 자체보다 광장이 굉장히 멋졌다. 이슬람 축제 때 수만 명의 군중이 광장을 가득 메운다는 이곳의 적당히 닫힌 광장은 시원하면서도 아늑했다.

위구르인의 전통마을 흙집과 두타르

발걸음을 돌려 카슈가르의 옛 위구르 전통 마을을 먼저 찾았다. 중앙아시아에서 가장 잘 보존된 이슬람 도시로 평가받고 있는 위구르 전통가옥인 흙집을 2009년부터 중국 정부는 철거하기 시작했다. 지진이 많은 신장 지역에 흙집은 취약하다는 논리였다. 지난 400년을 버텨 왔던 벽 두께가 20cm나 되는 흙집을 허물고 그 자리에 벽돌집을 짓게 했다. 흙집은 한여름의 강렬하고 건조한 햇빛을

위구르 전통마을의
악기점

막아 시원하고 겨울에는 차가운 바람을 막아 주어 따뜻하다. 전형적인 위구르식 주택은 집 안으로 들어가 보면 밖에서 볼 때와 달리 넓다. 마당을 중심으로 위아래가 뚫려 있는 구조인데 위층 복도엔 화분으로 꽃밭을 만들어 놓은 곳도 있었다.

황갈색 흙집이 남아있는 골목을 걷다 보면 파란색 대문, 노란색 창문의 집들이 생활공간보다는 카페나 기념품을 파는 상가로 변신해 구경하는 재미가 있다. 백 년이나 된 찻집이 있고, 넓은 평상을 펴 놓고 차를 파는 찻집에서는 전통 공연도 열었다. 노래를 부르거나 춤을 추는 사람들의 흥에 맞춰 악사들은 다양한 악기로 호흡을 맞추었다. 대표적인 악기는 이슬람 문화권에서 주로 연주하는 두타르다. 위구르인이면 누구나 집에 하나씩 있다는 몸통이 작고 목이 긴 전통 현악기 두타르는 공명판이 볼록해 소리의 울림도 좋고 연주할 때 편하다. 마르코폴로가 쓴 《동방견문록》에도 카슈가르가 넓고 아름다운 곳이라고 기록해 놓았다고 한다. 동서를 오가는 대상들이 무역하고 휴식과 여흥을 즐겼던 곳이라는 것을 알 수 있는 내용이다. 하지만 허물어진 흙집과 함께 위구르족의 역사와 문화가 사라질까 봐 마음 한편이 무거웠다.

역사의 향기와 인간적 체취가 묻어나는 카슈가르 고성

　카슈가르 고성의 동문으로 발걸음을 옮겼다. 거리 공연 때문에 막아 놓은 길과 많은 인파들을 피해 빙 돌아 입구를 찾았다. 이곳도 검색대를 거쳐 안으로 들어가야 했다. 제일 먼저 식당부터 찾아 위구르인들의 전통음식인 야채와 양고기를 넣어 만든 볶음면인 라그만을 주문했다. 날씨는 더운데 냉방 시설은 잘되어 있지 않아 음식을 주문하고 야외 테이블에 앉아 기다렸다. 옆자리에는 식당 주인의 아들이거나 친구로 보이는 아이들이 핸드폰에 코를 박고 열심히 게임하고 있었다. 엄마는 바쁜 와중에도 아이들을 위한 음식을 만들어 갖다주었는데 아이들은 음식은 거들떠보지도 않으니 엄마는 화가 나서 아이들을 향해 큰 소리로 혼을 냈다. 어디서나 핸드폰에 빠진 아이들의 모습은 비슷해서 웃음이 나왔다.

건너편에 앉은 손님들은 둥그런 빵을 잘게 잘라 육수에 넣어 먹는 모습이 보였다. 마치 우리가 국에 밥을 말아 먹듯이. 이곳은 밥보다 빵이 주식이라 그런지 식당에 가면 빵이나 난을 먼저 바구니에 담아 주는 경우가 많았다. 빵은 담백하고 씹을수록 구수한 맛이 났다.

라그만을 먹고 고성 구석구석을 돌았다. 흙벽이 감싸고 있는 고성은 '최후의 서역, 살아있는 고성'으로 불릴 정도로 대장간이 있고 도자기를 만드는 공방, 인사동처럼 골동품을 파는 가게와 화려한 전통 의상을 파는 곳도 있었다. 헌책방도 있어서 들어가 보니 중국에서 1966년 일어난 문화대혁명 기간 홍위병이 쓴 일기장이 보였다. 자신이 겪은 일을 쓴 것 같은 글과 당

무화과를 파는 위구르 상인

시 사진과 자료 등을 스크랩해 놓은 누렇게 변색된 종이 공책인데 소중한 기록물 같았다. 책을 살까, 고민하다 두고 왔다. 왜냐하면 중국은 사회주의 국가라 통제가 심하기에 허락되지 않은 서적이나 물품을 갖고 있다가는 외국인이라도 간첩으로 몰려 곤욕을 치를 수 있다. 그 책을 갖고 중국 국경을 넘을 자신이 없었다. 중국과 우리나라의 관계가 불편해지면서 더 조심해야 했다.

고성의 골목에서 전통 옷을 빌려 입고 머리끝에서 발끝까지 치장하고 곱게 화장을 마친 여성들이 카메라 기사까지 대동해 사진을 찍는 모습이 인상 깊었다. 방송 촬영 중인 줄 알았는데 복장을 갖추고 옛 위구르인들의 모습을 체험해 보는 것 같아 즐거워 보였다. 비용은 많이 들겠지만 현실에서 잠시 벗어나 옛 위구르의 왕비나 공주가 되어 보는 것도 여행의 즐거움일 것이다.

골목 안쪽에는 아이들이 모여 고무줄놀이를 하고 있었다. 가까이서 한참을 지켜보니 편을 나누어 고무줄을 발목에서 허리 높이까지 올리면서 뛰어넘기 경쟁이 벌어졌다. 어렸을 때 친구들과 그러고 놀던 예전 추억이 생각났다. 아이들의 놀이 문화는 어디나 비슷해서 친근했다.

카슈가르 고성 먹거리 골목에는 양꼬치구이부터, 튀김류, 삶은 양머리, 주식인 '낭'이라 부르는 빵, 100명이 먹어도 끄떡없을 만큼 큰 솥에 담긴 비빔밥, 온갖 견과류와 과일 등이 많았다. 이곳에서

키슈가르 고성 골목

낙타젖으로 만든 간식거리를 샀다. 낙타젖은 영양가도 높고 소화도 잘된다고 하는데 젖의 수분을 날려 굳힌 비스킷 같은 것을 먹어보니까 마치 딱딱해진 분유를 입안에 넣고 씹는 기분이었다. 씹을 때 이빨에 자꾸 달라붙는 느낌이 조금 불편하긴 했는데 고소하고 달콤했다.

고성의 저녁에도 어둠이 내리고 숙소로 돌아오는 길, 방향을 잘못 잡아 길을 잃어 헤맸다. 마침, 오토바이를 타고 가던 아주머니가 숙소가 있는 지도를 보더니 앞장서서 따라오라고 했다. 다행히 숙소가 가까운 곳에 있어 쉽게 찾아갈 수 있었다. 아주머니는 앞서가다가도 염려가 되는지 자꾸 뒤돌아보며 확인했다. 낯선 곳에서 여행객을 배려해 주는 친절한 분을 만나서 카슈가르는 더 특별한 곳이 됐다.

4부

키르기스스탄

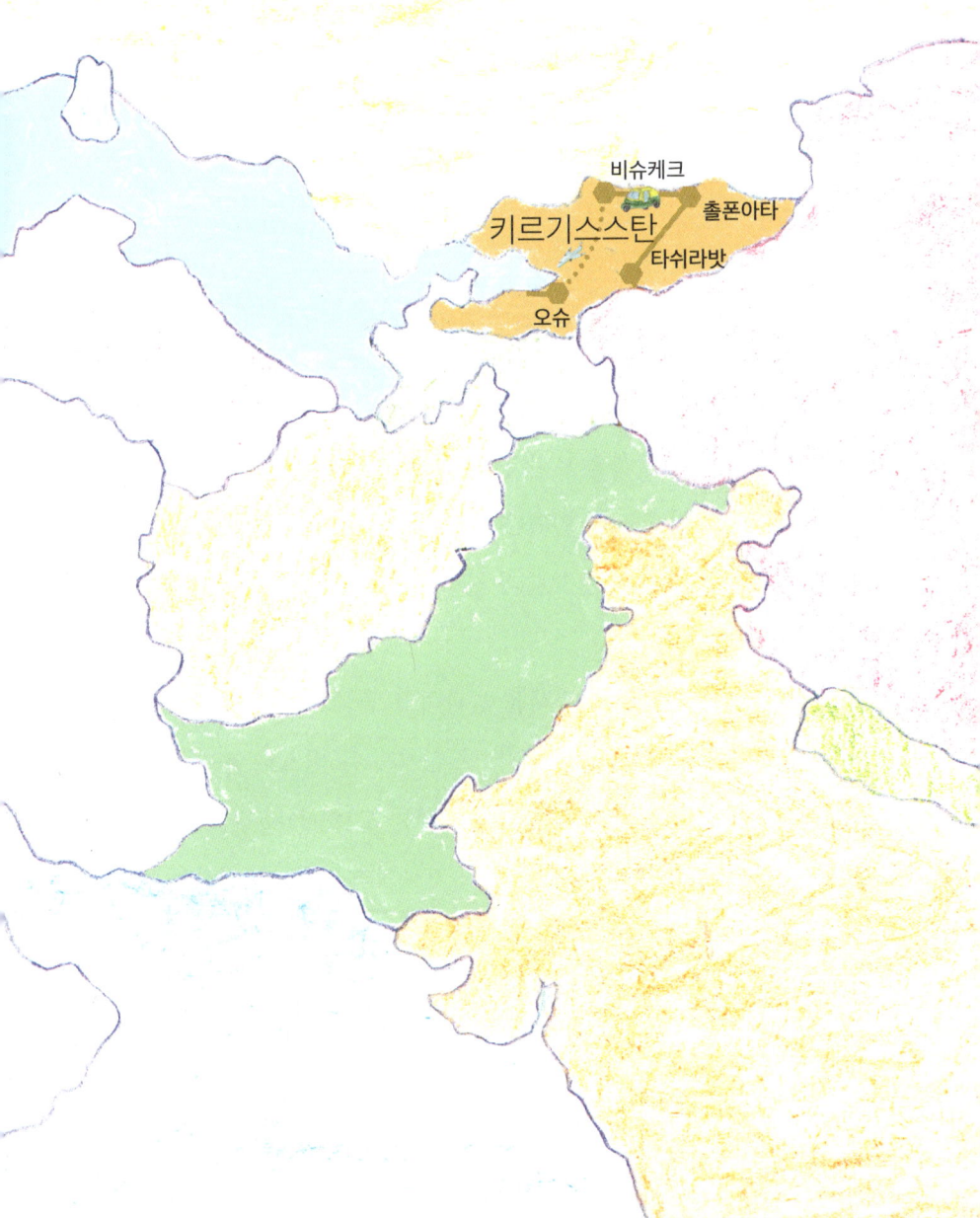

15日 카슈가르에서 토르갓 고개를 넘어 타쉬라밧으로

유르트에서 태어나 유르트에서 죽다

토르갓 고개, 지옥에서 천국으로

오전 5시 30분 신장웨이우얼의 카슈가르를 출발했다. 이른 시간이라 버스 안에서 일출을 보며 평원을 달렸다. 황량한 벌판에는 태양광 발전을 위한 시설이 있었다. 양이나 말, 염소, 야크가 무리 지어 다니며 풀을 뜯고 있는 모습과 점점이 흩어져 있는 하얀 유르트는 평화롭게 보였다.

긴장감 속에 공안들의 검색을 통과하고 중국 국경에서 $10km$쯤 달려 황량한 고원 위에서 키르기스스탄에서 온 버스로 옮겨 타고 토르갓 고개를 넘었다. 토르갓 고개를 넘는 도로는 1881년 러시아와 중국이 만들었는데 지금은 중국과 키르기스스탄을 연결하는 새로운 실크로드에 포함된 핵심 도로다. 현재 양쪽 나라는 이 도로를 이용해 국제무역 화물차량을 교환하고 있다.

토르갓 고개는 1969년 중국과 소련의 국경인 아무르강과 지류인 우수리강 유역의 영유권을 놓고 벌인 국경 전쟁으로 폐쇄됐다가 1983년 다시 열렸다. 토르갓(3,752m)은 배낭족들이 가장 넘고 싶어 하는 고갯길 중 하나로 꼽지만 여행객은 넘을 수 없었다. 이유는 중국-키르기스스탄 양국 간의 민감한 사안으로 인해 여러 가지 제약이 있었다. 두 나라는 소련 해체 이후부터 외교관계를 맺고 있지만 중국 신장웨이우얼자치구에 살고 있는 키르기스인에 대한 인권 탄압 등의 이유로 반중 감정이 상당히 심해졌기 때문이다. 그렇지만 이번 여행에서는 토르갓 고개를 무사히 넘을 수 있어 안도했다.

하지만, 힘들게 키르기스스탄 토르갓 체크 포인트에 도착한 기쁨에 취해 긴장을 푼 것이 문제였다. 이곳이 키르기스스탄의 군사시설 보안 구역임을 잊고 '토르갓' 간판과 주변 풍경을 사진으로 찍다가 딱 걸렸다. 무장한 키르기스스탄 군인은 핸드폰을 달라고 하더니 조금 전 찍은 사진을 자기 손으로 삭제한 후 핸드폰을 압수했다.

내가 간첩 혐의를 받는 건가, 가슴은 두근두근, 얼굴은 벌겋게 달아오르고 난감했다. 이럴 때는 잘못했다고 싹싹 비는 게 상책이었다. 말이 통하지 않으니 눈물을 뚝뚝 떨굴 기세로 무조건 잘못했다고 싹싹 빌었다.

그때 키르기스스탄 현지 버스 운전사가 나섰다. 군인을 향해 뭐라 뭐라 하니까 군인은 마지못해 인심 쓰듯 핸드폰을 돌려주었다.

나는 무조건 공손히 고개를 숙이고 핸드폰을 받아왔다. 현지 버스 기사는 아마 딱 보기에도 여행자인 외국인 여성인데 너무 심하게 굴지 말라고 항의한 것일까? 아무튼 나는 지옥에서 천국으로 올라온 기분이었다.

지금도 토르갓 구간은 공사 중이다. 중간에 비포장이라 버스가 일렁거리고 뽀얀 흙먼지가 날리지만 쭉 뻗은 고속도로가 이어지고 있다. 그 길에는 중국에서 싣고 간 물건을 키르기스스탄에 풀어 놓고 빈 차로 되돌아 나오는 화물트럭 행렬이 이어지고 있었다.

> 問18 키르기스스탄의 옛이야기 《지혜로운 소년》에 나오는 '빗, 바늘, 거울'이 상징하는 것은 무엇일까?

키르기스스탄에는 풀밭으로 뒤덮인 고원의 목초지가 많다. 작은 야생화들이 피고 언덕으로 맑은 시냇물이 흐르는 이곳에서 가축을 몰고 다니는 목동들의 이야기가 전한다. 대표적인 옛날이야기 《지혜로운 소년 이야기》가 재밌다.

옛날 '아쉬크'라는 소년이 있었는데, 부모님이 일찍 돌아가셔서 '베이'라고 하는 부자의 양 떼를 돌보면서 살았다. 부자는 겨울에 먹을 것과 추위를 피할 수 있는 잠잘 곳을 제공했다. 소년은 마을로 내려오다 다리가 부러진 개구리를 구해 정성껏 돌봐 줬다. 그런데 어느 날 부자가 소년의 오두막에 왔다가 웅덩이에 누워 있는 개구리를 보고 벌컥 화를 내며 채찍으로 때렸다. 자기 양을 돌보라고 먹을 양식을 줬는데 하찮은 개구리를 돌보느라 시간을 낭비했다는 이유였다.

소년은 할 수 없이 가까운 호수에 개구리를 풀어 주었다. 개구리도 이제는 헤엄을 칠 수 있을 정도로 건강해졌기 때문이다. 개구리는 소년에게 고맙다고 말하며 초록색 구슬을 주었다.

"이 구슬은 요술 구슬입니다. 어려움이 닥치거든 이 구슬을 문지르세요."

소년은 평소처럼 양 떼를 돌보며 마을로 내려갔다. 그런데 이웃 마을 왕이 쳐들어와 자기에게 항복하고 노예가 돼야 한다고 협박했다. 마을 어른들은 왕의 마음을 돌리려고 사람을 보냈지만 아무도 돌아오지 못했다. 왕은 "말도 타지 않고, 낙타도 타지 않고, 걸어오지도 않고, 들판으로도 오지 않고 길로도 오지 않는 사람하고만 만나겠다."라는 불가능한 조건을 내세웠다. 그때 소년이 자신이 왕을 만나겠다고 했다.

"저는 말이나 낙타를 타지 않고 염소를 타고 갈게요, 길도 들판을 가로질러 가지 않고 어느 길도 아닌 길 가장자리로 갈 겁니다."

소년은 이웃 마을 왕을 찾아갔다. 왕은 어린아이가 왔다는 것을 불쾌하게 여겼고, 당장 검은 말 100마리와 최고급 비단 100필, 100개의 흰색 천막을 가져오지 않으면 죽이겠다며 소년을 감옥에 가두었다. 하지만 소년에겐 초록색 구슬이 있었다. 그는 초록색 구슬을 손으로 문지르면서 속삭였다.

"구슬아, 구슬아. 저 나쁜 왕이 원하는 걸 주렴."

그러자 구슬은 부서지고 아름다운 소녀가 나타나 '빗과 바늘과 거울'을 건네주고 사라졌다. 아침이 되니 왕이 요구한 물품이 모두 도착해 있었다. 왕은 작은 소년을 풀어 주었지만 자기를 놀린 대가를 반드시 치러야 한다며 고향으로 가는 소년의 뒤를 병사들이 쫓게 했다. 소년을 죽이기 위해서다.

소년은 소녀가 준 선물이 생각나 주머니에 손을 넣어 보니 빗이 잡혔다. 그 빗을 뒤로 던지자 빽빽한 숲이 나타나 병사들은 소년을 잡지 못했다. 두 번째 병사들이 소년을 뒤쫓아 왔다. 이번에는 바늘을 빼어 바닥에 던졌더니 갑자기 거대한 산이 솟아나 병사들은 되돌아갔다. 세 번째는 왕이 직접 나서기로 했다. 하늘을 날아다닐 수 있는 말을 타고 칼을 휘두르면서 소년의 목을 베려는 순간, 소년은 간신히 거울을 던졌다. 갑자기 거울은 넓고 빛나는 호수가 됐고, 왕은 호수에 빠져 죽고 말았다. 소년은 마을을 위기에서 구한 지혜로운 사람으로 두고두고 칭찬받았다. 그러면 '빗, 바늘, 거울'에는 어떤 상징이 들어 있을까. 인간은 현실에서 일어날 수 없는 일들을, 이야기를 통해 위로받는다. 광활한 초원에서 나무와 뾰족한 산, 넓은 호수는 유목민에게 간절히 필요했던 대상이었기에 이런 이야기가 만들어졌을 것이다.○

타쉬라밧—옛 대상들의 숙소 카라반 사라이

일몰 시간이 지나 오후 6시 30분경 깊은 산속에 있는 타쉬라밧 카라반 사라이에 도착했다. 카슈가르에서 출발한 지 거의 14시간 만이었다. 돌로 지은 돔 형태의 '카라반 사라이'는 예전 실크로드에서 대상과 낙타들이 쉬어가던 숙소인데, 천년 세월을 묵묵히 그 자리에 있었기에 지금은 유적지가 되었다. 해가 지기 시작한 시간이었지만 관리인이 문을 열어 주어 내부를 볼 수 있었다. 이리저리 얽힌 통로를 따라 조각 바위인 편암을 탄탄하게 쌓아 만든 여러 개의 방, 예배를 드리는 공간, 욕탕과 다친 동물을 치료하는 가축병원, 감옥은 물론 비상시를 대비해 외부 탈출로까지 갖춘 곳이었다. 환기와 채광을 위해 천장을 네모나게 뚫어 놓아 빛이 쏟아졌다. 한참 때는 낙타와 노새들을 300~400마리 수용했단다. 좀 더 일찍 도착했더라면 더 자세히 볼 수 있었을 텐데 어둠이 내리는 시간이라 매우 아쉬웠다.

숙소는 카라반 사라이에서 1km 떨어진 곳이었다. 원래 유르트에서 숙박할 예정이었으나 추위 때문에 난방이 되는 돌로 지은 숙소로 변경했다. 그래도 겨울 추위처럼 밤기운이 뚝 떨어져 옷을 꼭꼭 여며 입었다. 하루에 여름과 겨울을 동시에 겪어야 하니 몸이 적응하느라 힘이 들었다. 유르트 안처럼 아늑한 식당에서 저녁을 먹고 밖으로 나와 밤하늘을 봤다. 맙소사 바로 눈앞에 북두칠성이 선명했다. 게다가 은하수가 반짝반짝 흘렀다. 주먹만 한 별들이 전구를

유르트(위)와 카라반 사라이(아래)

켜 놓은 듯 반짝이며 제 갈 길을 가는 우주의 여행자 같았다. 쉽게 잠들 수 없어 뒤척이다 잠을 청했다.

問19 유목민에게 가장 완벽한 집 유르트에는 어떤 정신이 담겨 있을까?

유목민이 사용했던 이동식 주거 시설인 유르트를 만드는 전통 지식과 기술은 유네스코 인류무형문화유산으로 등재됐다. 하늘은 유목민의 달력이고 지도다. 가축과 함께 이동하며 살아가는 유목민은 언제나 규칙적으로 움직이는 달과 행성들을 보며 시간과 방향을 읽었다. 자연을 따라 끊임없이 이동했던 유목민은 해체하고 조립하기 쉬운 천막집을 만들었다. 혹독한 기후에서 견디는 실용성을 갖춘 이동식 집이다. 몽골에서는 '게르'로 부르고, 다른 중앙아시아 문화권에서는 '유르트'라고 한다.

유르트를 만들 때 필요한 것은 나무 구조물을 연결하는 끈, 천장의 창문, 유르트의 봉긋한 위쪽 부분을 구성하는 나무 뼈대, 몸통을 구성하는 나무다. 나무는 가볍고 단단한 버드나무나 느릅나무를 주로 사용한다. 유르트의 중심인 천장은 채광과 환기 역할을 하고, 유르트 안에 있는 사람과 우주와 자연을 연결해 준다고 한다. 유르트를 만들 때는 출입문 위치를 먼저 잡아 몸통이 될 나무 구조물을 세우고, 집의 뼈대를 완성한 후 '치이'라는 넓은 가리개로 감쌌다. 바깥쪽은 양털을 가공해 만든 펠트 천으로 덮는데 보온성과 방수

성이 뛰어나서 초원의 기후에 적합하다. 중앙에 놓는 난방과 요리를 위한 화덕의 불은 내부 온도를 조절하는데, 그 자체로 태양과 달을 의미한다. 유르트가 원형인 것은 무한한 연결과 생명의 영원한 순환을 이야기하는 거다. 유르트에서 태어나 유르트에서 죽는 유목민에게 유르트는 우주다.⬡

16日 타쉬라밧에서 촐폰아타로

텐산산맥 기슭 얼지 않는 호수 이식쿨의 노을

　새벽에 일어나 숙소 바깥으로 나가보니 산꼭대기 주변에 푸른 기운이 서려 있었다. 산속이라 몹시 추웠다. 설산에서 내려온 물을 이용하는 야외 세면장에서 세수와 양치를 했는데 자꾸 몸이 움츠러들었다. 아침은 먹는 둥 마는 둥 다음 목적지인 촐폰아타 이식쿨호로 출발했다. 5월이라면 초원의 야생화가 아름다울 텐데 가을이라 메마른 느낌이었다. 도로를 달리는 버스 안에서 창밖을 보니 벌판에 공동묘지가 여러 군데 보였다.

　타쉬라밧에서 촐폰아타로 가는 길 중간에 '나린'이라는 작은 도시에 들러 환전했다. 이곳은 실크로드를 여행하는 사람들을 상대로 환전해 주는 사람들이 많다고 한다. 아침에 출발한 지 5시간 정도 지나자 이식쿨호가 보이기 시작했다. 키르기스스탄 최고의 휴양지로 불리는 이식쿨호 근처에서 가장 큰 도시는 촐폰아타다. '촐

이식쿨 호수

폰'이란 서쪽 하늘에서 해가 지기 전 가장 빛나는 별 '금성'이라는 뜻이고, '아타'는 나이 많은 남자 어른을 이르는 말이다. 그러니까 촐폰아타는 '별들의 아버지'란 뜻을 담고 있다.

이식쿨호는 세계에서 가장 높은 남미 대륙의 티티카카호에 이어 두 번째로 큰 산중호수다. 제주도보다 3.5배 정도 넓은 호수인데 내륙 국가인 키르기스스탄에서 유일하게 수평선을 볼 수 있는 곳이기도 하다. 겨울에도 수온이 0°C 이하로 내려가지 않아 얼지 않고, 내부 깊숙한 곳에서는 뜨거운 물이 흐르기 때문에 '열해(뜨거운 호수)'라는 명칭을 얻었다.

 도착한 숙소는 바로 이식쿨호 옆이었는데 건너편에 설산이 보였고 호숫가는 마치 해변처럼 고운 모래가 펼쳐져 있어 맨발로 걸으며 산책할 수 있었다.

 일몰의 이식쿨호는 더 아름다웠다. 붉은 햇덩이가 주변을 짙게 물들이다 금빛 어둠 속으로 들어갔다. 평생 잊지 못할 장면 중 하나를 눈에 담고 하루를 마무리했다.

17日 페트로글리프스 암각화, 초원의 등대 부라나탑

이태백의 고향은 초원의 등대 부라나탑이 있는 곳

페트로글리프스 암각화 유적지

아침에 이식쿨호에서 떠오르는 붉은 햇덩이를 보았다. 마치 동해의 일출을 보는 듯 장엄해 힘찬 에너지를 느낄 수 있었다. 돌아오는 길에 숙소 앞에 있는 넓은 정원을 걷다 보니 가시에 덮인 밤처럼 생긴 열매가 떨어져 있었다. 이식쿨에도 한국에서 먹는 밤과 비슷한 것이 있다고 생각하고 부지런히 주워서 한 입 깨물어 봤더니 맙소사, 삼킬 수 없을 정도로 엄청나게 쓴 맛이었다. 이상하다고 생각해 알아보니 그것은 밤이 아니라 잎이 7개가 모여 있어 '칠엽수'라 부르는 마로니에 나무의 열매였다. 강한 독성 때문에 생것으로 먹었다가는 알레르기 반응이나 신경계가 손상될 수 있다는 것을 알고 놀랐다. 아무리 봐도 밤처럼 생겼는데 치명적인 독성분이 있다는 걸 알고 모두 버렸다.

오전 9시 30분 숙소를 출발한 지 20분 만에 페트로글리프스 암각화 유적지를 찾았다. 빙하가 녹아내릴 때 암석도 함께 쏟아져 모래와 자갈밭이 된 이곳에는 놀랍게도 암각화가 가득했다. 톈산산맥을 뒤로 하고 이식쿨호를 앞에 두고 있는 이곳에는 과거 제사를 지낸 흔적처럼 보이는 돌로 쌓은 커다란 원형도 있었다. 놀라운 것은 세월의 풍화를 견디며 아직도 선명하게 남아 있는 돌에 새겨진 그림이었다. 야생 염소나 양을 쫓는 개와 낙타 등에 올라탄 사람이 끈으로 조정하는 모습, 사냥하는 사람의 모습까지 역동적으로 새겨져 있었다. 드넓은 노천에 흩어져 있는 돌에 새겨진 그림은 초기 철기시대로부터 시작된 것으로 본다는데 시대가 변하면서 좀 더

페트로글리프스 암각화 유적지

불불

다양한 그림을 새겨 놓은 것 같았다. 숱한 기호와 상징을 가진 그림의 비밀을 다 알 수 없지만 그 당시 사람들의 삶과 가치관이 담긴 것만은 분명하다. 그리고 마치 제주도 돌하르방처럼 생긴 사람 모양의 조각품 '발발 (불불)'이 있었다. 단순한 선으로 표현한 인물상은 친근한 느낌이 들었다.

  이곳에서 주요 암각화를 보려면 파란색 깃발을 꽂아 놓은 곳을 찾으면 된다. 입구에는 우리 눈이 미처 발견하지 못했던 바위 속 그림들을 그려 넣은 다양한 기념품을 팔고 있었다. 암각화 유적지 근처의 휴게소 화장실은 칸막이가 가슴 정도 높이까지고 위는 오픈된 상태라 당황했다. 화장실은 닫힌 공간이 익숙했는데 오픈된 공간이었으니 말이다. 그래도 그나마 깨끗해서 만족했다.

초원의 등대 부라나탑

　1시간 30분을 달려 시내를 벗어난 시골길 옆에 있는 부라나탑에 도착했을 때 유적지가 맞나 싶을 정도로 황량했다. 중앙아시아에서 가장 오래된 부라나탑은 키르기스스탄의 소그드인이 지은 건축물이다. 여러 차례 지진으로 반으로 줄어들어 지금은 23m 정도만 남아 있다. 이 탑은 11~13세기 실크로드에서 중요한 이정표와 대상의 기도처였고, 천문대 역할을 했다. 탑 외부에 설치한 철 계단으로 올라가 원추형의 탑 내부 통로로 들어가면 정상에 오를 수 있다. 통로는 캄캄한데 한 사람이 겨우 다닐 수 있을 만큼 비좁고 거의 수직에 가까운 계단이라 기어가다시피 올라가야 한다. 중간에 작은 창이 있지만 꼭대기로 올라가면 환하고 탁 트인 초원의 전망을 볼 수 있다. 현재 보는 탑의 모습은 대부분 1950년대 옛 소련 시대에 복원했다는 것을 설명을 듣고 알았다.

　탑 주변에는 거대한 성터와 석상이 야외박물관 역할을 하고 있었다. 이곳에도 암각화 유적지에서 본 것과 비슷한 사람 모양의 발발이 많았다. 마치 영월 청룡사 오백나한상처럼 친근해 보이는 모습이었다. 돌조각상은 귀족, 장군, 성직자, 여성 등 다양한 얼굴 모습이었고, 의상·장신구까지 알아볼 수 있었다. 바람에 풍화되긴 했어도 형태는 남아 그 시절, 이곳을 거쳐 간 페르시아 상인, 소그드 상인, 중국 상인이지 않을까 의문을 가진 조각품이었다. 아니면 중앙아시아에서는 죽은 사람의 무덤 앞에 죽은 사람의 모습을 닮은

부라나탑

비석을 세워 놓기도 한다는데 이것은 묘비인가? 아닌가? 생각하느라 한참을 머뭇거렸다. 문자로 기록하지 못했어도 그 당시의 삶을 유추할 수 있게 흔적으로 남겨 놓았기에 우리는 그 시대를 상상할 수 있었다.

이곳은 이슬람 유적지이기도 한데 교통이 불편한 곳인데도 튀르키예에서도 많은 관광객이 찾아왔다. 이곳에서 출토된 유물을 중심으로 전시해 놓은 작은 박물관도 있었다. 유물을 보다가 튀르키예에서 왔다는 소년이 내게 먼저 한국인이냐며 호기심 가득한 눈으로 물어 와서 잠시 이야기를 나누다 헤어졌다.

제20 당나라 시인 이태백의 고향이 키르기스스탄이라고?

당나라 시인 이태백은 중국 최고의 시인으로 꼽는다. 그런데 그가 태어난 곳은 쇄엽성으로, 지금의 키르기스스탄 수도 비슈케크에서 동쪽으로 좀 떨어진 토크목이라는 도시 근처다. 이곳은 톈산산맥에서 발원한 강 옆에서 만들어진 오아시스 도시인데 동쪽으로는 이식쿨호, 서쪽으로는 현재는 우즈베키스탄의 땅이 된 소그디아나, 남쪽으로는 키르기스스탄의 남부 도시 나린을 거쳐 중국의 카슈가르로, 북쪽으로는 카자흐스탄과 연결되는 교통의 요지였다. 따라서 수천 년 동안 흉노, 돌궐, 토번, 당나라, 몽골 등 중앙아시아 평원을 차지하려는 국가들의 경쟁과 다툼이 치열했던 곳이 바로 부라나탑이 있는 토크목이다.

2017년 6월 키르기스스탄과 중국이 수교 25주년을 기념하는 특별한 우표를 발행했는데, 주인공은 중국 최고의 시인으로 꼽는 시인 이태백이었다. 이태백의 실제 고향은 그동안 중국에서는 공공연한 비밀이었다. 하지만 중국이 일대일로를 내세우며 중앙아시아로 영향력을 확대하면서 사정이 달라졌다. 신장 지역으로 한족들을 이주시키고 테러 방지를 명분으로 위구르인을 감시하고 통제하면서 행여 위구르인과 튀르크계 이슬람이 연대할까 봐 키르기스스탄의 협력이 필요했다. 키르기스스탄은 농토가 7%밖에 안 되는 산악국가라 중국과 친교를 맺으며 경제적으로 협력해야 하는 사이가 됐다.

이태백의 아버지는 장군 혹은 무역하는 상인이었다고 하는데, 이름은 이객(李客)으로만 전한다. 이태백은 아버지를 따라 5살 때 중국 사천으로 이주했고, 유랑 끝에 양쯔강 유역에서 병으로 죽었다. 이태백이 술과 달을 좋아하고 대자연의 웅장함과 신비, 인간성과 생명력을 담은 시를 쓸 수 있었던 것은 중앙아시아 유목민의 기질이 있었던 것은 아닐까. 또 한편으로는 이방인 이태백이 자유롭게 활동할 수 있도록 포용한 당나라 문화의 개방성이라는 생각이 든다.◯

18日 비슈케크의 알라아르차 국립공원, 알라 투 광장, 오슈 바자르

집마다 한 명은 외국에 나가 돈을 버는 나라

브라나탑에서 나와 비슈케크로 가는 길의 고속도로 주변을 보니 나무 한 그루 없는 황량한 산과 들판이었다. 오후 6시 해가 질 무렵 비슈케크 숙소에 도착했는데 부슬부슬 비가 쏟아졌다. 거리에는 내리는 비에도 아랑곳하지 않고 우산 없이 그냥 다니는 사람이 많았다. 아마도 비가 자주 오지 않는 건조한 기후 탓이리라.

비슈케크에서 시티투어 신청을 했는데, 한국어를 할 수 있는 현지 가이드 아이다를 만났다. 그녀는 음악대학에서 전통 현악기인 '고무스'를 전공하고 한국에 취업을 나갔다가 한국 남자를 만나 결혼했다. 대구에서 10년을 살다가 2018년 키르기스스탄으로 돌아왔는데, 그 이유는 아이들 교육 때문이었다. 입시 경쟁이 치열한 한국보다 키르기스스탄에서 러시아어와 키르기스스탄어를 배우는 것이 후일 경쟁력이 있다고 보았다. 아들이 13세, 15세로 현지 생

활에 적응했기에 그녀도 자기 일을 시작했다. 판단과 선택은 힘들고 지혜가 필요하다. 부모의 현명한 판단이 아이들의 꿈을 이루게 했으면 좋겠다.

아이다가 들려준 이야기는 키르기스스탄의 생활과 문화를 이해하는 데 도움이 됐다. 키르기스스탄에서는 러시아어와 키르기스어를 함께 사용해 필수적으로 러시아어를 배우고, 역사와 수학 등의 과목을 러시아어로 가르치는 학교도 있단다. 카자흐스탄과 키르기스스탄은 언어가 비슷하고 지역마다 사투리가 있지만 알아듣는다는 것이다. 러시아와 우크라이나가 전쟁을 시작한 이후로 키르기스스탄에서 아파트 가격, 유류값도 많이 올라 서민들의 생활도 힘들어졌다고 했다.

키르기스스탄은 산악지대를 제외한 7% 정도의 땅에서만 농작물을 지을 수 있고, 자원도 부족해 경제가 어려워 집마다 거의 1명씩 외국에 나가 돈을 벌고 있단다. 일부 노인들은 독립의 기쁨보다 구소련 시절 소련 정부의 지원과 혜택을 그리워하는 사람도 있다고 한다. 설날은 매년 겨울을 무사히 넘긴 후 봄이 오는 때인 3월 21일이며, 설날인 '노루즈'에 양을 한 마리 잡아 친척들과 나누어 먹으며 춤과 노래를 즐긴다고 한다.

결혼식은 보통 일주일 정도 기간을 두고 500여 명의 손님을 초대해 음식을 대접하고 가수를 불러 여흥을 즐기면서 혼주의 재력을 과시하기도 한다는 것이다. 예전 유목민의 결혼 풍습 중 '납치

혼'이 있었는데, 결혼할 때 신랑 측이 신부 측에 치르는 몸값인 칼림을 낼 수 없거나 남자가 신붓감을 구하기 어려우면 납치해 와서 하는 결혼이다. 납치당한 여자는 신랑이 맘에 들지 않아도 살아야 했고, 때론 스스로 목숨을 끊은 경우도 있었다고 했다. 만약 결혼을 거부한다면 사회적으로 따돌림을 당해야 했다고 하니 여자를 인격적 대상으로 보지 않고, 생산수단으로 보기 때문에 생겨난 일이라는 생각이 들었다. 다행히 요즘에는 그런 악습이 거의 사라졌다고 한다.

아기를 출산하면 산모는 닭고기·양고기·쇠고기를 곰탕처럼 푹 끓여 먹고, 친정엄마는 아기를 위해 요람을 선물하는 문화가 있다. 농경문화에서는 아기를 업고 일하지만 유목문화에서는 수렵해야 하므로 아기를 업고 다니기 어렵다. 아기를 요람에 눕혀 묶어 두고 일을 할 수밖에 없다. 요람 가운데는 구멍이 뚫려 있어서 기저귀를 사용하지 않아도 배변을 처리할 수 있게 지혜를 발휘했다.

장례식은 이슬람 문화의 영향으로 화장하지 않고 매장을 하는데, 공동묘지에 가보면 집처럼 화려하게 꾸몄고 죽은 사람의 사진을 돌에 새겨 두거나 붙여둔 모습을 쉽게 볼 수 있다.

키르기스스탄은 원래 유목 생활을 했기에 육류와 우유·유제품을 많이 먹었는데 러시아의 영향으로 생선과 보드카 같은 술을 먹는 문화도 생겼단다. 또 예전에 차를 많이 마셨는데 커피를 마시기 시작한 지는 얼마 되지 않았다는 것이다. 한류의 영향으로 BTS, 블

알라아르차 국립공원

랙핑크, 한국 드라마를 좋아하고 한국어를 의무적으로 배우는 학교도 많다고 했다. 아이다의 전공이 전통음악이라 육성으로 들려주는 키르기스스탄 노래까지 들을 수 있어 좋았다.

   비슈케크의 명산 '알라아르차 국립공원'에 도착했을 때는 비가 와서 산은 운해에 가려 한 폭의 수묵화였다. 빙하에서 내려오는 계곡의 물줄기는 청량했다. 가문비나무가 노랗게 물들어 가을 정취를 느끼게 했는데 알록달록 짙은 단풍색은 드물었다. 산 이름 '알라아르차'에는 가문비나무라는 뜻이 담겨 있는데, 현재 키르기스스탄의 나무 중 70~80%가 가문비나무라고 한다. 명절이면 이 나무의 가지를 잘라 향을 피우기에 '향기나무'라는 별칭을 가지고 있다. 이곳은 구소련 당시는 고위 관리만 들어갈 수 있었다는데 해발

1,700m나 된다는 이 산은 이곳 사람들의 휴식처요 힐링의 장소였다. 어디서나 산속에 들어가면 마음이 맑아지고 여유를 느끼게 되는 점이 좋았다.

오슈 바자르

여행지에서 방문하는 시장은 현지인의 살아 있는 삶을 보는 것 같아 정겹다. 비슈케크의 전통 시장인 오슈 바자르를 찾았을 때도 마찬가지였다. 비 가림 천장을 해놓은 넓은 시장에는 종류별로 물건을 구분해 팔아 구매하는 사람들이 편리하게 쇼핑할 수 있었다. 유목 생활을 해오고 목축업이 발달한 이곳에는 다양한 육류와 유제품이 많다. 치즈 종류인 쿠르트는 우리나라 김치 맛이 집마다 다르듯 모양도 맛도 조금씩 차이가 났다. 새알처럼 동그랗게 만든 것, 어떤 것은 손으로 꾹꾹 빚어 만든 감자떡 모양인 것도 있어 친근했다. 맛을 보니 짭짤하고 고소한 맛이었다. 오래도록 상하지 않게 보관했다 먹기 위해서는 짠맛이어야 할 것 같았다.

기후와 토질이 비슷한지 우리나라에서 먹는 농산물과 같은 종류가 많아서 친근했다. 감자, 마늘, 오이, 가지, 토마토는 물론 감을 보니까 반가웠다. 견과류와 말린 과일은 색깔별로 담아 예쁜 상자에 담아 선물할 수 있도록 준비해 놓았다. 이곳 사람들의 주식인 빵은 버터나 달걀을 넣지 않아 담백했고, 만드는 사람의 솜씨와 감각을 느낄 수 있는 무늬도 빵마다 달라 개성 있었다. '씹는담배'라는 까만 알갱이와 철분이 함유된 식용 돌을 파는 것도 인상 깊었다. 임신을 원하는 여성들이 갈아서 먹으면 효과가 있다고 하는데 아들까지 낳게 해 준단다. 이걸 믿어야 하나 말아야 하나. 키르기스스탄에서는 자연물을 향해 기도를 한다더니 샤머니즘과 이슬람의 문화가 합쳐서 생긴 전통에서 나온 풍습 같았다. 고려인의 자취인 김치도 팔고, 키르기스스탄의 특산물인 하얀 꿀까지 온갖 물건이 가득한 오슈 바자르였다.

또한 신발을 고치느라 앉은뱅이 재봉틀을 돌리는 남자의 선한 웃음, 노점에서 과일을 팔고 있는 노인들의 주름진 손이 귀해 보였다. 시장에서 만난 나이 든 남성들은 대부분 '칼파크'라는 양모로 만든 전통 모자를 썼다. 하얀 설산을 닮은 사각형의 높은 형태의 모자다. 순수한 색 하얀 모자에 단순한 문양은 키르기스인의 상징이 됐다. 칼파크를 써 보았더니 머리에 산을 올려놓은 느낌이었다. 여름엔 강한 햇빛을 막아주고 겨울에는 추위를 덜어주는 모자다. 칼파크에는 키르기스스탄의 자연을 경외하는 마음이 담겨 있는 것 같았다.

問21 키르기스스탄에서 만드는 아트바시 꿀은 왜 흰색일까?

키르기스스탄의 대표적인 특산물인 하얀 꿀은 아트바시 꿀이다. 아트바시는 해발 2,300m에 있는 청정지역이라는 뜻이다. 아트바시 꿀은 국제 양봉대회에서 수차례 입상하면서 세계적으로 인정받는 명품 꿀로 유명하다. 이 지역에서 생산되는 하얀 꿀은 면역기능을 강화하고 화상이나 궤양, 종기나 습진 치료에도 효과적이란다.

아트바시 꿀은 왜 흰색일까? 해발 4,000m 고산 초원에서 다른 꽃보다 10배 더 많은 꿀벌을 유인할 수 있는 특정한 꽃인 Sainfoin과 Sweet clover에서 얻은 꿀인데, 꽃에 있는 포도당이 효소에 의해 글루코산으로 변할 때 하얀 기포가 발생하면서 꿀 전체가 하얗게 바뀐다고 한다. 하얀 꿀은 열처리하지 않아 약간 굳어 있어 주루룩 흘러내리지도 않고 쫀득한 흰색 크림 형태다. 숟가락으로 떠서 먹으면 입안에 달콤한 꽃향기가 번지며 사르륵 녹는다.○

비슈케크에는 구소련 시절의 흔적이 남아있다. 드넓은 광장과 좌우 대칭에 짙은 회색의 건물, 키르기스스탄 의회 건물과 반대편 대통령궁도 당시의 건물이다. 숲과 꽃밭이 있는 도심 공원, 곳곳에 보이는 여러 인물의 동상이 대표적이다. 시내 중심의 알라투 광장에는 국민 영웅 마나스 장군, 마르크스와 엥겔스, 키르기스 50솜 화폐의 주인공 쿠르만잔 다트카를 비롯한 많은 인물의 동상이 있다. 또한 공원 안에는 아트갤러리가 있어 키르기스인의 문화와 예술을 이해할 수 있어 좋았다.

> **問22** 2013년 유네스코 인류무형문화유산으로 등재된 키르기스스탄의 대서사시 《마나스》는 어떻게 문자가 아닌 기억으로만 전해지게 됐을까?

중앙아시아의 유목민은 광활한 대지를 누비며 혹독한 자연과 싸우고 때로는 동과 서쪽의 수많은 민족과 싸워야 했다. 그러다 보니 그들은 한곳에 정착해 기록하기보다 기억과 입을 통해 자신들만의 문화를 이어 왔다. 키르기스 민족의 마음을 하나로 모아 주는 대서사시 《마나스》는 9세기에서 10세기 무렵 다른 민족에 약탈당하고 뿔뿔이 흩어진 민족을 모아 키르기스스탄에 나라를 세운 마나스 장군의 이야기다. 왕자로 태어나 지략이 뛰어났던 어린 시절의 마나스부터 아들 세메테이와 손자 세이테크까지 3대의 이야기를 담은 서사시에는 키르기스인들을 이끌고 알타이에서 톈산산맥까지 대이동을 한 후 마침내 민족 국가를 세우기까지의 여정이 방대하게 담겨 있다.

마나스의 내용은 주로 전쟁과 영웅에 관한 이야기라고 보면 된다. 인간 사이의 질투와 반목, 불화, 그리고 그 결과로 초래되는 비극적인 스토리 전개가 가슴에 와닿는다. 우리나라에도 번역된 《마나스》 가운데 사금바이 오로즈바코프 마나스츠가 암송한 내용을 담은 책을 읽어 보니 유목민 일상생활의 세세한 면과 운명을 바꾼 역사적 사건에 이르기까지 민중의 삶 모든 면을 담아 놓았다. 50만 행이 넘는 방대한 내용을 오랜 세월 문자로 기록하지 않고 오직 기억에만 의존해 전해왔다는 것이 놀라웠다. 그 비결은 이야기를 암송해 전하는 마나스치가 있었기 때문이다.

마나스치는 되고 싶다고 되는 것이 아니다. 마나스치들은 예지몽을 꾸고 마나스치의 길을 간다. 많은 시를 암송하고 순식간에 쏟아내는 능력은 인간의 영역이 아니라 신으로부터 주어지는 것이라고 이곳 사람들은 믿었기 때문이다. 마나스치가 되려면 아주 어렸을 때부터 스승으로부터 교육과 훈련을 받아 지식과 기술, 손동작 하나까지 배운다. 옛날 사람들은 마나스치의 이야기가 들리면 하던 일을 멈추고 이야기를 들었다. 위대한 마나스치를 만날 수 있는 것을 행운으로, 복으로 여긴 것이다. 키르기스인들은 마나스치를 존경하고 집으로 찾아오면 빈손으로 보내지 않고 옷과 채찍과 말을 주었다. 그러니까 키르기스스탄의 대서사시《마나스》이야기를 기억하고, 전달하고, 살아있는 역사라 불리는 사람들, 마나스치가 있었기에 키르기스인들은 자신의 전통문화를 지켜올 수 있었다.

問23 여성인 쿠르만잔 다트카는 왜 키르기스스탄 50솜 화폐의 주인공이 되었을까?

'쿠르만잔'은 이름이고, '다트카'는 장군 또는 지도자란 뜻이다. 보통 이슬람권 나라에서는 여자가 초상화의 주인공이 되는 일은 드물다. 쿠르만잔은 러시아의 침략에 항거한 키르기스스탄의 국민 영웅이다. 그녀는 18살 때 부모가 정한 결혼 상대를 거부하고 집을 나가 자신이 좋아하는 코칸트 칸국(현 키르기스스탄)의 알라이족 영주였던 알림베크와 결혼했다. 1862년에 일어난 코칸트 칸국의 궁정 쿠데타로 남편이 살해되자 그의 나이 50세에 남편의 뒤를 이어 지도자가 됐다. 그녀에게는 총을 잘 쏘는 용감한 청년들이 모인 1만 명의 기병들로 구성된 충성스러운 군대가 있었다. 1876년에 러시아 제국 군대가 코칸트 칸국을 침공했을 때 알라이 키르기스인 군대를 지휘해 저항했지만 항복하게 됐다. 그러나 제정 러시아 장군과의 협의를 통해 알라이 지역이 전쟁의 참화 속에 파괴되지 않도록 뛰어난 지혜와 외교적 능력을 발휘해 자국민을 지켜냈기에 '국가의 어머니'라는 별명을 얻었다.

그리고 화폐 속에 쿠르만잔이 머리에 두르고 있는 천을 풀면 몇 미터가 될 정도로 긴데, 이것은 키르기스스탄 유목민 여성의 상징이자 인간의 생로병사와 함께하는 기능이 있다. 유르트에서 아기

키르기스스탄 50솜 화폐에 그려진 쿠르만잔 다트카

를 낳을 때는 이 천을 풀어 꼭 붙잡고 힘을 주고, 행여 출산 후 산모가 사망하면 이 천으로 시신을 덮고, 또 초원을 달릴 때는 바람과 햇볕을 막는 데 사용했다.

저녁을 먹기 전 숙소 앞에 있는 승리의 공간이자 추모 공원인 빅토리스퀘어에 갔다. 제2차 세계대전에 참전했다가 전사한 영혼들을 추모하기 위해 24시간 꺼지지 않는 불이 있었다. 제2차 세계대전 당시 사망자는 7,500만 명 정도로 보는데 소련에서만 무려 2,900만 명이 사망했다고 한다. 전쟁이 일어나면 군인뿐만 아니라 민간인의 희생도 크다. 세상에 합리적인 전쟁이 있기나 할까. 전쟁은 항상 권력을 쥔 자들이 일으키고 병사들은 언제나 소모품처럼 죽어갈 뿐이다. 그것은 권력욕일 수도 자존심 때문일 수도 있으나 전쟁은 항상 힘을 가진 자의 탐욕에서 시작되는 것만은 분명하다. 그러니까 절대 전쟁은 일어나서는 안 된다.

빅토리스퀘어를 찾았을 때 마침 부슬부슬 비가 오는 와중에도 결혼식을 올린 신랑·신부와 친구들이 모여 설레고 들뜬 분위기를 즐기는 모습을 봤다. 이곳은 추모 공원이자 쉼터 같은 곳이었다. 주변도 공원으로 잘 가꾸어 놓았다. 비슈케크에 비가 내리니 마음도 차분해져 여정을 잠시 뒤돌아보는 여유를 가졌다.

19日 비슈케크에서 오슈로

로마보다 더 오래된 도시, 오슈

비슈케크의 아침은 흐렸지만 공항으로 가는 동안 보이는 파란 하늘이 반가웠다. 비슈케크에서 오슈까지 800km 산악길은 하루 종일 자동차로 가야 하기에 항공으로 이동했다. 텐산산맥 줄기의 설산 고봉들이 눈부시게 펼쳐지는 모습을 보며 출발한 지 1시간 정도 지난 후 오슈 공항에 도착했다.

오슈가 키르기스스탄 제2의 도시라고는 하지만 아직은 기반 시설이 필요해 보였다. 거리에는 이슬람풍의 네모난 사원과 우뚝 솟은 첨탑이 보이고 낡은 건물이 많았다. 골목 안쪽까지 연결된 돌출된 노란 파이프가 무엇일까 궁금했는데 가스 공급관이었다.

숙소에서 20여 분을 걸어 한식을 먹을 수 있는 식당 '대장금'을 찾아갔다. 가는 동안 오슈의 주민이 된 듯 거리를 걷고, 공원을 통과했다. 지나가는 차량을 보니 한국 자동차가 많았다. 현대와 기아

로고가 붙은 차량이 줄지어 다니는 모습을 보니 뿌듯했다. 그뿐인가 지금 우리나라에서는 타지 않는 티코, 마티즈, 모닝 같은 소형차도 택시나 승용차로 이용되고 있어 반갑기도 하고 놀랐다.

학교 수업을 마치고 돌아가는 아이들의 밝은 웃음은 어디서나 예뻤다. 이곳 아이들도 손에 핸드폰을 꼭 쥐고 다녔다. 핸드폰을 어릴 때부터 가까이 한 아이들은 나중에 어떤 추억을 이야기하고 살까. 핸드폰이 아이들의 감성을 단단하게 굳혀 놓지 않기를 바랄 뿐이다. 친구랑 자연과 재미있게 놀고 추억을 살찌워 살아갈 힘을 얻었으면 좋겠다.

식당의 메뉴판에는 온갖 한식 메뉴가 있었다. 드라마 대장금이 방영되면서 큰 인기를 끈 이후 한식당까지 생겼으니 K-드라마의 힘은 강하다는 생각이 들었다. 돌솥비빔밥을 주문해 맛있게 먹으니 기운이 났다. 사실 감기 기운이 있어 몸이 자꾸 쳐졌는데 뭐니뭐니 해도 한국 사람은 밥심이 최고다. 식당을 나오다 키르기스스탄 한인회에서 발행하는 신문을 발견했다. 읽어보니 추석을 맞아 제천시에 정착한 고려인을 만난 소식, 경제 소식이나 한인업체·식당·카페 광고, 주요 기관 단체 연락처까지 나와 있었다. 한국을 떠나 낯선 타국에서 열심히 살아가는 우리 교민들의 모습이었다.

20日 오슈의 술레이만 성산

연둣빛 새순 같은 아이들의 웃음소리

오슈의 아침은 구름 한 점 없는 파란 하늘이었다. 오슈 어디에서도 보일 정도로 우뚝 솟아있는 바위산인 술레이만 성산을 찾았다. 이슬람의 성지라 많은 사람이 기도하러 찾는 곳이고 2009년 유네스코 세계문화유산으로 등재됐다.

산으로 오르는 길에 열 지어 서 있는 살구나무가 만들어 주는 그늘 때문에 시원하고 청량했다. 간간이 호두나무도 보였는데 봄에 하얀 살구꽃이 필 무렵 이 길을 걸으면 얼마나 예쁠지 상상하는 것만으로도 이미 살구꽃 터널을 지나는 것만 같았다.

산 중턱에 만들어 놓은 박물관에 먼저 들어갔다. 거대한 바윗덩어리 속을 동굴에는 왕이 와서 기도했다는 당시의 모습을 재현해 놓았고 당시 사람들의 생활을 볼 수 있는 유물과 자료가 있었다. 이 동굴 천장에 매달린 물방울을 아픈 곳에 바르면 낫는다거나, 기도

솔레이만 성산과
미끄럼 바위

하면 자식을 얻게 된다는 전설이 있는 바위도 있어서 흥미로웠다.

산에서 기도 말고 해야 할 일이 있는데 미끄럼 타기다. 3번을 누워서 타고 내려오면 건강해진다는 전설을 갖고 있는 미끄럼 바위는 얼마나 많은 사람들을 거쳤는지 반질반질 윤이 나는 대리석이 됐다. 지금도 이곳을 찾는 사람들은 줄지어 기다렸다가 누워서 미끄럼을 타고 내려온다. 나도 미끄럼을 타 보니까 바위가 햇볕을 받아 따끈따끈해서 좋았다. 단단한 암석이라 누워서 내려오면 등이 아플 줄 알았는데 오히려 뼈가 노곤해지며 시원한 느낌이라 척추가 아픈 사람에게는 효능이 있을 것 같았다. 변변한 운동기구도 없던 시절 미끄럼 바위는 사람들의 건강을 지켜줬을 것이고, 그만큼 바위의 신통력을 믿기에 이런 이야기가 만들어졌을 것이다. 여행자인 나도 동심으로 돌아가 재밌게 탔으니 미끄럼 바위는 어떤 형태로든 치유의 바위가 맞긴 맞는 것 같다.

산에는 누군가 간절한 기도를 올렸을 작은 동굴과 무슬림들이 기도할 수 있는 예배실도 있었다. 산 아래에는 공동묘지가 있고 은회색 돔에 우뚝 솟은 첨탑은 하늘을 찌를 듯 서 있었다. 중학생들도 현장학습을 나왔는지 단체복을 입고 산을 경중경중 뛰어다녔다. 푸른 새싹 같은 아이들이 뿜어내는 기운은 활력이 넘쳤다. 무엇보다 술레이만 성산 정상에서 톈산산맥의 설산을 한눈에 가득 담을 수 있고 시가지 전체를 조망할 수 있었기에 나도 그 풍경 속 일부가 됐다.

산에서 내려와 3000년의 역사를 지닌 도시 오슈의 시장을 찾았다. 방대한 규모의 재래시장인 자이나 바자르는 길이만 해도 1km가 넘을 정도로 중앙아시아에서 가장 큰 규모다. 중국, 우즈베키스탄, 타지키스탄 등에서 들어온 온갖 물건이 모이는 곳이다. 시장 골목을 걷다 보니 우리나라 남대문시장처럼 물건을 날라다 주는 사람들이 부지런히 수레를 움직이고 있었다. 어른들 손을 잡고 시장에 온 아이들도 많았다. 우리나라는 아기 울음소리를 듣기 힘들다고 걱정인데 이곳에는 연둣빛 새순 같은 아이들의 웃음소리를 어디서나 들을 수 있었기에 부러웠다.

오후에 숙소에 들어오니, 옆에 있는 호텔예식장에서는 결혼식을 올린 신랑·신부와 축하객들이 눈에 들어왔다. 무슬림 신부는 하얀 히잡을 쓰고, 하얀 드레스를 입었다. 종교와 상관없이 눈부신 하얀 드레스를 입은 신부는 아름답다. 그 모습을 바라보며 청춘의 눈부심에 취해 있는 내게 신랑 친구가 느닷없이 한국말로 "재밌어요?"라고 해서 깜짝 놀랐다. 키르기스스탄에는 유학생이든 이주노동자로든 한국에 다녀온 청년들이 많다더니 그도 그중에 한 명이었나 보다. 단체 사진을 찍는 그들의 얼굴에는 약간의 들뜸과 설렘의 분홍빛 향기도 분분했다.

5부

우즈베키스탄

21日 오슈에서 페르가나로

자동차는 흰색, 들판은 하얀 솜이 달린 목화밭

마르길런마을의 실크공장

키르기스스탄 세관에서 무비자로 간단한 출국 절차를 밟고 국경을 넘어 우즈베키스탄의 페르가나에 도착했다. 세관에는 양국을 오가며 장사를 하는 사람들이 여러 개의 보따리를 들고 이동하는 발걸음도 분주해 보였다.

국경을 가르는 담장 하나를 넘어갔을 뿐인데 분위가 달라졌다. 왠지 우즈베키스탄 쪽이 더 깨끗하고 활기 있어 보였다. 거리의 차량 물결은 온통 하얀색, 어쩌다 회색이나 검은색 차가 보이긴 해도 하얀색이 대부분이었다. 차량은 다마스가 제일 많았다. 뒤를 이어 마티스와 티코, 현대차도 눈에 들어왔다. 전에 이곳에 대우 다마스 공장이 있었는데, 대우가 문을 닫으며 쉐보레가 인수했지만 이곳 사람들은 지금도 다마스를 이용하고 있다. 이제 한국에서는 볼 수

거리를 달리는 하얀색 차량

없는 차들을 이곳에서 보니 반갑기도 해 과거의 시간 속으로 달려가 옛 추억을 더듬었다. 페르가나의 들판은 하얀 솜을 달고 있는 드넓은 목화밭, 추수가 끝난 밀밭, 노란 소국이 가을의 정취를 느끼게 했다.

24 우즈베키스탄에 하얀색 자동차가 많은 이유는?

자동차 색은 흰색·검은색·은색과 같은 기본부터 빨강·파랑·초록·분홍 등 자신의 개성을 드러낼 수 있는 색까지 다양해서 사람들은 자신의 취향에 따라 자동차를 구입한다. 우즈베키스탄은 어느 도시를 가더라도 하얀색 자동차가 대부분이다. 우즈베키스탄 사람들이 하얀색 자동차를 선택한 이유를 물어보니 이렇게 답했다.

첫째, 흰색은 자동차의 기본색으로 유행을 타지 않고, 다양한 스타일과도 잘 어울린다. 둘째, 흰색 자동차는 어두운색보다 먼지가 덜 보이는 경향이 있으므로 청소하기가 더 쉽다. 셋째, 자동차가 기름을 덜 먹는다. 흰색은 복사열을 차단해 여름철 냉방 효과를 볼 수 있다. 우즈베키스탄 사람들은 경제적이고 실용적인 이유로 흰색을 선택한 것이었다.○

우즈베키스탄 국경지대에 있는 페르가나는 실크로드의 주요 거점이었다. 이곳은 한때 코칸트 칸국이 지배했고, 14세기에는 티무르가 칭기즈칸 무리를 쫓아내고 150년간 통치했고, 러시아의 식민지가 되고 소련 연방에 편입됐다가 1991년 소련이 붕괴하면서 독립했다.

페르가나 시내로 가는 길에 마르길런마을의 실크공장에 들렀다. 드넓은 뽕나무밭이 있는 이곳은 오래전부터 실크 산업이 발달한 곳이다. 공장 마당에도 수령 140년 된 뽕나무가 우람하게 서 있었다. 말이 실크공장이지 가내수공업 형태로 생산 중인 이곳은 전통적인 방법으로 여전히 누에를 삶고 실을 뽑아내는 전 과정과 염색하는 모습까지 보여 주었다. 실크 매장에 들렀더니 화려한 색감의 질 좋은 실크가 가득했다. 부드럽고 가벼운 실크를 얻기 위해 엄청난 비용을 지불했던 사람들이 있었기에 실크로드가 생겼을 것이다. 공장 외벽에는 실크로드 위에서 삶을 이어왔던 사람들의 이야기를 그림으로 그려 놓았기에 그 시대를 상상하며 감상했다. 또한

마르길런 마을
실크공장

페르가나는 천리마 즉, 피와 같은 붉은 땀을 흘리면서 하루에 천 리를 달렸다는 한혈마의 산지로도 유명한 곳이었다.

問25 실크를 얻기 위해 누에고치를 끓는 물에 넣는 이유는 뭘까?

실크는 중국에서도 아주 귀하게 여겼고, 로마에서는 가장 지위가 높은 사람이 자주색 실크 옷을 입었다. 누에는 까다로운 곤충이다. 누에를 기르려면 적정 온도를 유지해야 하고, 시끄러운 소리와 고약한 냄새도 싫어하기에 편안한 환경을 만들어 주어야 한다. 누에는 실을 토해 제 몸을 싸서 하얀 집인 실타래를 만드는데 집 누에고치 하나에서 약 1.6㎞의 생사 하얀 명주실이 나온다. 누에를 기를 때는 나방이 누에고치를 깨고 나오지 않도록 하는 것이 중요하다. 왜냐하면 고치 안에 들어 있는 나방이 실타래를 깨뜨리고 나오면, 고운 비단실을 얻을 수 없어 거친 비단을 만들거나 속을 채우는 명주솜으로밖에 쓸 수 없기 때문이다. 그래서 누에고치를 끓는 물에 넣어 고치 안에서 자라고 있는 번데기를 죽이는 거다. 그렇게 얻은 번데기를 요리해 먹는다. 최고의 단백질 식품이다.○

페르가나 박물관 관람

    페르가나 숙소에 짐을 풀고 곧장 페르가나 박물관으로 갔다.

유목민의 요람

2~3층에는 선사시대부터 근대까지 페르가나의 역사와 지역민의 삶이 담긴 유물들이 가득했다. 갤러리에 있는 그림들 역시 이곳 사람들의 삶이 녹아 있었다. 관람객이 많지 않으니 여직원 두 명이 졸졸 따라다녔다. 불편하기도 했지만 덕분에 질문할 수 있어서 유목민이 아기를 키울 때 쓰는 요람을 확인할 수 있었다. 기저귀를 사용하지 않고도 아기를 키울 수 있게 배변용 구멍을 뚫은 요람은 참 지혜로운 발명품이었다.

박물관을 나와 주변 공원을 돌아보니 꽃들이 예뻤다. 감나무에 주렁주렁 열린 감을 보니 가을 분위가 물씬 났고 고향 강릉의 감나무도 그리웠다.

22日 페르가나의 목화밭, 타슈켄트로 이동

여행길 천사와 소련 몰락 후에도 아픈 고려인들

페르가나의 목화밭과 포도밭

페르가나를 떠나 타슈켄트까지는 거의 6시간 걸렸다. 차를 타고 가는 동안 보게 되는 창밖에는 평지와 들판이 눈에 담을 수 없을 만큼 넓은 풍경이 끝없이 이어졌다. 옥수수가 익어가고 누렇게 익은 벼를 베어 내고, 아직 베지 않은 논에는 허수아비가 팔을 흔들고 있었다. 하얗게 눈이 내린 것 같은 목화밭도 드넓게 펼쳐졌고, 목화 수확 철이 되어서인지 수작업으로 목화를 따는 모습도 볼 수 있었다. 우즈베키스탄에서 생산하는 목화를 이용한 원사와 면직물의 대부분을 서유럽으로 수출하고, 나머지는 한국이나 일본에 수출한다고 한다.

목화는 5월에 씨를 뿌려 9월 중순부터 11월까지 수확하는데 일조량이 풍부하고 비가 오지 않아야 더 풍년이 든다. 비가 오면 목화는 상품 가치가 떨어진다. 비가 오지 않고 일조량이 풍부한 우즈베

목화 문양이 들어있는 직조물

키스탄은 목화 재배의 최적지다. 이곳 아이들은 목화를 따야 하는 철이 되면 학교를 가지 않고 목화를 딴다. 콤바인이라는 기계를 사용하긴 해도 대부분 수작업이라 일반 직장인들까지 나서서 도와야 한다. 잘 자란 목화를 채취하면 한 손 안에 꽉 찰 만큼 풍성하다. 몽실몽실한 목화의 솜 속에는 까만 씨가 들어 있다. 이 씨로 면실유를 짜기도 하고, 남은 찌꺼기는 가축에게 사료로 먹이고, 종이를 만드는 펄프로 사용하고, 수확이 끝나고 남아 있는 줄기는 겨울철 농부의 연료로 사용하니 목화는 버릴 것 없는 소중한 작물이다.

품질 좋기로 유명한 면화를 연간 300만 톤 이상 생산하는 우즈베키스탄은 세계 5위의 면화 생산국이면서 세계 2위의 면화 수출국이다. 한국 기업인 포스코인터내셔널은 최초의 원자재인 솜에서 실을 뽑아내는 방적과정과 실을 가로세로 교차해 직물 제직과정을 거쳐 최종 소비자에게 전달되기까지의 전 과정을 갖춘 우즈베키스탄 내 최대 면방 기업으로 성장했다. 차를 타고 가면서 포스코인터내셔널 공장과 간판을 볼 수 있어 괜히 뿌듯했다.

또한 페르가나는 우즈베키스탄을 대표하는 와인 생산지다. 그래서일까 가로수도 아예 포도나무였다. 대로변과 이어진 주택 사이 길에도 포도를 심어 그늘을 만들고 그 길을 통로 삼아 다니고 포도까지 수확하고 있으니 일거양득이라고 해야 할까. 자동차 매연 속에서 자라는 포도를 안심하고 먹어도 될지 의문이 들기도 했다.

비가 많이 오지 않아도 농사를 잘 지을 수 있는 것은 관개수로를 잘 정비해 농경지 곳곳에 물길이 닿게 해 놓았기 때문이다. 넓은 강은 농사짓는 사람들에게는 젖줄이다. 도로변에는 호박·수박·견과류, 직접 만든 유제품을 들고나와 파는 사람도 많았다. 농사를 짓는 것은 어디서나 힘들지만 이곳 농부들이 수확한 기쁨만큼이나 소득도 높아졌으면 좋겠다.

問26 목화가 불러온 아랄해의 비극은 언제나 멈출까?

과거에 아랄해는 세계에서 네 번째로 큰 호수로, 문명의 발상지이자 실크로드의 주요한 물 공급처였다. 아랄해는 호수지만 물속에

염분이 있어 다양한 물고기들이 서식하고, 주변에는 항구 도시가 발달해 주민들은 어업에 종사하며 생계를 해결했다. 하지만 현재 아랄해는 말라 바닥은 사막이 되고 버려진 어선들만 가득하다. 아랄해의 동쪽은 완전히 증발해 버렸고 남아 있는 호수도 예전에 비해 10분의 1 정도다. 물이 줄어들면서 어류가 잡히지 않고, 염분 때문에 바람이 불면 소금 먼지가 인근 경작지와 숲에도 피해를 주니까, 주민들은 새로운 일자리를 찾아 다른 지역으로 떠나야만 했다. 현재 아랄해는 오직 빗물을 통해서만 물을 공급받고 있다고 한다.

아랄해의 비극은 언제 어떤 이유로 시작됐을까? 그건 바로 인간의 욕심 때문이다. 지금은 해체된 옛 소련은 면직물 소비가 늘자 목화를 재배할 땅으로 아랄해 주변을 선택했다. 중앙아시아에는 아무다리야강과 시르다리야강이 있는데, 두 강 모두 우즈베키스탄을 가로질러 흐르며 아랄해 물 공급의 80%를 차지했다.

소련은 두 강의 물줄기 흐름을 바꾸는 대규모 수로 공사를 진행했다. 목화밭을 만들기 위해 물줄기의 방향을 크즐쿰 사막지역, 카라쿰 사막지역으로 향하게 하면서 아랄해의 푸른 물은 증발하게 된 것이다. 목화를 대규모로 재배할 때 물이 어마어마하게 들어간다. 면 1kg을 생산하는 데 욕조 40개를 채울 양의 물이 쓰인다. 이 물은 한 사람이 7년 동안 마실 양에 맞먹는다니 놀랍다. 목화로 만드는 면직물은 예나 지금이나 인기가 높다. 그런데 요즘 대량생산과 소비로 폐기물이 증가하는 패스트패션이 문제가 되고 있다. 구매한 옷은 몇 번 입고 버리지 말고, 오래오래 잘 입었으면 좋겠다. 국제사회는 아랄해를 살리기 위해 애를 쓰고 있지만 어마어마하게 비용이 많이 들고 시간도 오래 걸리는 작업이라 아랄해가 과연 옛 모습을 되찾을 수 있을지는 누구도 알 수 없다.○

300만이 사는 중앙아시아 최대 공업도시, 타슈켄트

페르가나에서 타슈켄트로 가는 길은 높은 산을 굽이굽이 넘고 넓은 평원을 지난다. 도로 옆에는 주유소보다 메탄가스라는 간판이 붙은 가스충전소가 많았다. 우즈베키스탄은 세계에서 손꼽히는 천연가스 매장 국가다. 석유·석탄·금·우라늄·은·구리·납 외에도 많은 자원이 있다. 하지만 내륙국이라 이 같은 자원을 수출하려면 주변국의 협조를 받아야 할 것 같다. 그런 점에서 우리나라는 삼면이 바다라서 수출과 수입에 유리해 다행이다.

우즈베키스탄의 동쪽 끝에 있는 타슈켄트는 튀르크어로 '돌의 도시' 뜻이고 고구려 유민 출신의 당나라 장수 고선지 장군이 점령했던 '석국'이기도 하다. 과거 실크로드의 중심 역할을 했던 것은 지리적 위치 때문이다. 중국에서 상인들이 사막과 산맥을 넘어와 인도로, 페르시아로, 아랍으로 가기 위해서는 이곳에서 좀 쉬어야만 했다. 반대로 서쪽에서 중국으로 가려는 사람들도 우즈베키스탄까지 와서는 쉬어야 했다. 왜냐하면 톈산산맥이 기다리고 있었기 때문이다. 톈산을 넘기 위해서는 마음의 준비도 해야 하고, 몸

상태도 점검해야 했다.

실크로드의 중심 도시였던 타슈켄트는 현재 300만 명이 거주하는 우즈베키스탄의 수도이자 중앙아시아 최대의 공업도시다. 고층 건물과 시원하게 쭉쭉 뻗어 있는 10차선 도로와 잘 가꿔 놓은 넓은 공원, 호두나무 가로수도 인상 깊었다.

타슈켄트 중심부에 있는 아무르 티무르 광장에는 우즈베키스탄의 영웅 아무르 티무르(1336~1405)의 동상과 뜨거운 햇살 아래에서도 쉴 수 있는 나무, 예쁜 꽃들이 있었다. 광장 왼쪽에는 역사를 증언하는 아무르티무르박물관과 국립 역사박물관이 있다.

아무르티무르박물관에는 아무르 티무르의 계보와 권력·군사·과학·교육의 발전까지 한때 이 땅을 호령했던 티무르 왕조의 역사를 펼쳐 놓았다. 화려한 크리스털 샹들리에 아래로 당시 지도와 무기, 도자기, 보석, 공예품, 아무르 티무르의 일생을 그린 '위대한 창조자'라는 그림 등 다채로운 전시품이 과거의 역사를 떠오르게 했다. 단 이곳에서는 박물관의 입장료 외에 사진과 비디오 촬영을 위해서는 추가로 돈을 더 내야 한다.

지하철역에서 만난 천사

타슈켄트는 중앙아시아에서 최초로 지하철을 운행한 도시다. 그건 1966년 4월 타슈켄트에 규모 7.5의 큰 지진으로 도시가 파괴되고 30만 명 정도가 목숨을 잃은 것과 관계가 있다. 이때 많은 문화

재와 유적도 파괴됐다. 소련은 이 기회를 역으로 활용해 타슈켄트를 현대 도시로 탈바꿈시켰다. 지진 2년 뒤에 지하철을 계획했고, 1972년 착공해 1977년에 개통했다.

타슈켄트의 지하철역은 우즈베키스탄의 문화와 역사를 체험할 수 있게 역마다 특징이 살아있는 박물관이라는 정보를 듣고 꼭 타보고 싶었다. 첫 번째 방문한 역은 아무르티무르공원역이다. 화려하고 웅장했다. 황제의 궁전에 있을 듯한 위엄을 갖춘 문양이 천장에 새겨져 있었다. 벽면에는 거만하게 앉아서 왕비가 들려주는 이야기를 듣는 황제와 다소곳이 앉아 찻잔을 따르는 여인도 있었다. 마치 아라비안나이트에 나오는 지혜로운 세헤라자드 같았다.

문제는 블라디미르 조니베코프 등 유명한 우주비행사와 우주를 소재로 한 벽화를 볼 수 있는 코스모나프틀라르역을 찾아가는 것이었다.

서울에서도 여러 차례 지하철역에서 환승을 하려면 올라갔다가 내려갔다가 헷갈리는데 이 낯선 곳에서 어떻게 해야 하나 고민하다 용기를 냈다. 지하철을 타려니 어느 방향을 가야 할지 난감했다. 그때 발걸음을 멈추고 한국 사람이냐고 묻는 아가씨를 만났다. 타슈켄트의 지하철역에서 현지인에게 한국말을 듣다니 무척 반가웠다. 어떻게 한국어를 할 줄 아냐고 했더니 자신은 영어교사인데 독학으로 한국어를 배우고 있고, 한국에서 우즈베크어를 배우러 온 친구와도 친하다고 했다. 그녀는 번역기를 이용하면서 서툰 한국어로 내게 도움을 주려고 했다. 나는 시간이 부족한 여행자였기에 그녀에게 시간이 되면 코스모나프틀라르역으로 안내를 해 줄 수 있냐고 물었다. 그녀는 기꺼이 앞장서서 환승역을 한군데 거쳐 코스모나프틀라르역까지 데려다주었다가 다시 출발했던 곳까지 함께 와 주었다.

나중에 알고 보니 그녀는 내가 묵고 있던 호텔로 가는 길이었다. 호텔에서 영어 통번역 일을 하려고 담당자와 면담이 잡혀 있었다는 거다. 그녀의 이름은 '파란기츠', 내게는 지하철역에서 만난 천사였다. 한국에 오면 은혜를 갚겠다고 연락처를 적어 주고, 집으로 갈 때 함께 사는 부모님께 맛있는 거 사다 드리라고 성의를 표시했다. 가던 길 멈추고 시간을 내어 준 그녀가 너무나 고마웠다.

타슈켄트 지하철 코스모나프틀라르역의 우주인 벽화

여행지에서 만난 동향 부부

그녀와 헤어지고 발걸음을 돌려 브로드웨이를 걸었다. 이곳은 명품숍, 레스토랑이 있고, 라이브 공연과 문화 행사가 열리는 곳이었다. 밥을 먹기 위해 식당을 찾고 있던 중인데 또 한국말이 들렸다. 이게 무슨 일? 작은 포장마차 같은 간이식당에서 한국인 여행객과 주인이 이야기를 나누고 있었다. 주인은 고려인으로 한국에 일이 있으면 들어갔다가 나오기도 하는데 현재 타슈켄트에 산다고 했다. 그는 라그만(볶음국수)을 먹고 있었는데 자기 아내가 만들었다는 송어 반찬을 먹어 보라고 권했다. 송어 반찬의 맛은 바로 친숙한 식해였다. 가자미식해처럼 송어와 무채, 고춧가루를 버무려 만든 것인데 입맛에 딱 맞았다. 고려인들이 고향의 맛을 잊지 않기 위해 명태 대신 송어로 식해를 만들어 먹었다는 것을 알고 나니 강제 이주의 역사를 가진 고려인의 고단했던 삶이 새삼 느껴졌다.

여행객과 인사를 나누다 보니 나와 같은 강릉에 살고 있는 전세남·심옥희 부부였다. 두 분은 전직 교사로 전 세계 160여 개국을 여행했고 45일간의 중앙아시아 배낭여행을 마치고 한국으로 돌아가는 비행기를 타기 위해 타슈켄트로 왔다고 했다. 게다가 몇 마디 주고받다 보니 건너 건너 아는 인연이기도 했다. 세상이 이렇게 좁을 수가…. 부부와 여행 이야기를 한참 나누다 강릉에서 다시 만나기로 하고 헤어졌다. 여행은 늘 뜻하지 않은 일을 겪고, 우연히 특별한 인연을 맺기도 한다. 그날도 그런 날이었다.

問27 1937년, 고려인 강제 이주를 어떻게 기억해야 할까?

　우즈베키스탄의 넓은 평원을 보며 1937년 스탈린에 의해 강제로 이주당한 고려인의 가슴 아픈 역사가 떠올랐다. 한인들의 러시아 이주는 1864년(철종 14년) 함경도 지방에 큰 흉년이 들면서부터였다. 몰래 국경을 넘어간 함경도 주민 20여 가구가 우수리강 주변 지신허에 거주 허락을 받아 한인촌을 세운 것이 시작이다. 척박한 땅에 농사를 지으며 억척스럽게 살았던 19만여 한인들은 구소련의 스탈린 독재정권에 의해 중앙아시아의 우즈베키스탄과 카자흐스탄 등으로 강제로 이주당했다. 소련은 연해주에 자리 잡은 한인들을 소련 국민으로 인정하는 데 거부감이 있었다. 일본과의 전쟁이 예상되던 시점이라 한인은 외견상 일본의 간첩이 될 수 있다고 생각해서다.

　1937년 가을부터 겨울까지 계속된 이송작업은 인간의 존엄이나 편의, 생존 가능성을 염두에 두지 않은 무자비한 폭력이었고, 그 과정에서 다수의 한인이 희생됐다. 이주민들은 협력해 관개시설을 설치하고, 벼농사를 시작했다. 그들은 근면과 성실로 '강제 이주'라는 불운을 극복하고 중앙아시아에서 인정받는 소수민족이 됐다.

　'고려인'이라는 명칭이 생긴 것은 서울 올림픽 직전인 1988년 6월에 전소련고려인협회가 결성되면서부터다. 북한을 뜻하는 '조선'이나 남한을 뜻하는 '한국'이 아닌 '고려'라는 중립적인 표현을 선택했다. 어쩌면 '고려인'이라는 호칭은 한반도의 전쟁과 분단이

낳은 특수한 역사의 산물이다.

구소련 붕괴 이후 전체 고려인의 10%에 해당하는 약 5만 명이 무국적자가 됐다. 구소련 연방 공화국들이 독립 이후에는 소련 국적을 인정하지 않아 고려인들이 국적을 다시 신청해야 했는데, 이를 몰랐거나 서류를 분실하거나 거주자로 등록하지 않았거나 경제적인 여유가 없는 이유 등으로 신청하지 못했기 때문이다. 이들은 교육을 비롯한 기본적인 혜택을 받지 못하고 있고 그 불이익은 자손들에게 그대로 이어지고 있다. 자동차를 타고 가면서 본 우즈베키스탄의 그 넓은 평원 어딘가에 토굴을 파고 추위를 견디며 살기 위해 몸부림쳤을 고려인의 삶을 생각하니 그 아픔이 통증처럼 다가와 먹먹했다.○

23日 타슈켄트 첫째 날

고선지 장군의 패배와 종이 제작법의 전수

아침을 먹고 예약해 둔 타슈켄트 시티투어버스를 탔다. 현지 여행사 가이드는 1999년 우리나라의 명문 대학에서 경제학을 공부했다고 한다. IT에 관심을 두게 되면서 한국을 선택했고, 한국어도 독학으로 공부했다는데 한국의 역사와 주변 정세에 대한 충분한 이해가 있었다. 해박한 지식과 능숙한 한국어로 우즈베키스탄의 역사와 문화에 대해 자세히 설명해 주어 도움이 많이 됐다.

우즈베키스탄 장식예술의 보고, 국립 미술공예박물관

그의 안내로 첫 번째 방문한 국립미술공예박물관에서는 다양하고 수준 높은 공예품을 만날 수 있었다. 구소련 당시인 1927년 설립한 박물관이지만 우즈베크인의 정체성을 지켜가는 곳이었다. 의식주와 관련된 이야기를 들으며 새롭게 알게 된 것이 많아 유익했다. 이슬람 문화에서는 카펫을 깔고 그 위에서 기도하고, 온돌 난방 장치가 없어도 카펫을 깔아 보온을 유지했고, 벽에 걸어 장식 효과와 방음 효과를 얻는다고 한다.

우즈베키스탄의 전통 모자인 '도프'는 사각형의 모자로, 예배드릴 때나 결혼식·장례식과 같은 행사에 반드시 착용한다. 남성들이 쓰는 모자는 우리 조선시대 남자들이 쓰던 갓처럼 실용성보다는 의례적으로 쓰는 것이었다. 남성용은 보통 어두운 색상에 단순한 디자인이지만, 여성용은 다양한 색상과 무늬로 화려하게 장식을 한 게 특징이다. 구슬을 달거나 색색의 실로 자수를 놓아 예쁘게 꾸몄다.

남성들이 쓰는 모자와 카펫 문양에 고추가 있어 의아했는데, 다산과 나쁜 기운을 몰아내는 의미를 담았다고 했다. 그밖에 다양한 문양에도 행복을 기원하고 생명의 여신이 보살펴 주기를 바라는 마음이 담겨 있음을 알았다.

이 박물관에는 우즈베키스탄의 동쪽 페르가나 지역의 특산품인 푸른빛이 도는 도자기와 마르길론마을에서 만든 100% 실크 작품도 있고, 금실 자수와 각종 보석을 사용한 장신구, 전통 악기가 전시돼 있다. 현지 가이드는 중앙아시아 지역에 실크산업이 발달한 것은 오래전 중국 장사꾼들의 요구 때문이라고 했다. 우즈베키스탄은 기온이 높고 건조하기에 목화로 만든 면옷을 입는 것이 건강에도 좋고, 여름에 땀을 잘 흡수하고, 잘 마르고, 겨울에는 따뜻해

국립미술공예박물관의 전통모자
도프와 사마르칸트 종이 수공예품

보온에도 도움이 된다는 것이다. 습하고 더운 기후에 맞는 비단을 생산한 것은 판매하려는 목적이라는 그의 설명에 동의했다. 그러고 보니 타슈켄트 거리 곳곳에는 뽕나무가 많았다. 예전부터 누에를 기르기에 안성맞춤인 곳인 거다. 중국 상인들은 그런 점을 눈여겨보았다가 실크산업을 활성화한 것 같다. 한국에서는 짙은 보랏빛 뽕 오디가 달리는데 이곳은 하얀 뽕 오디도 달려 있었다. 달콤한 맛은 똑같았다.

비단이라면 중국에서 먼저 시작했다고 알았는데, 사람 사는 곳은 어디나 비슷해 누가 먼저랄 게 없이 필요 때문에 이미 만들어 썼을 거라는 생각이 들었다. 가이드는 중국에서 자랑하는 종이·도자기·목화 이런 것 모두 원래 타슈켄트에 있었는데 중국 장사꾼들이 가져가 재가공했다고 설명했다.

하지만 사마르칸트의 대표 수공예품인 종이는 탈라스 전쟁을 통해 중국에서 건너간 것이 분명하다. 전쟁이나 종교, 사람들의 이동 등 여러 문명이 교차하고 물류가 모여들던 이곳에는 어떤 일들이 있었던 걸까. 이쪽 말을 들으면 이쪽 말이 맞고, 저쪽 말을 들으면 저쪽 말이 맞는 것 같아 고개를 끄덕이게 된다.

問28 사마르칸트 종이는 어떻게 만들어졌을까?

751년 고구려 유민의 후손인 당나라 고선지 장군은 서역 정벌을 나섰다. 지금 우즈베키스탄의 수도인 타슈켄트로 원정에 나섰다가 석국 왕의 항복을 받았다. 고선지는 석국 왕의 재산을 몰수하고 궁궐을 약탈했다. 당나라 조정에서는 포로로 잡아갔던 석국 왕을 죽였다. 당나라는 그동안 정벌한 나라의 왕을 데려가 살려 주면서 전쟁에 진 나라의 백성들이 동요하는 것을 막았다. 고구려 보장왕, 백제 의자왕도 그런 대우를 받았고, 파미르 남쪽의 소발률국 국왕도 마찬가지였다. 그런데 석국의 왕이 살해당했다는 소식을 들은 석국의 왕자는 분개했고, 서역 지방이 발칵 뒤집혔다. 석국 왕자는 아바스 왕조가 지배하는 이슬람 제국 사라센으로 도망쳐 서역의 여러 나라에 사신을 보내 당나라에 복수할 것을 호소했다. 결국 서역 제국의 이슬람 연합군과 고선지 장군의 대항군이 지금 키르기스스탄 서부 탈라스 강가에서 대치했다.

두 개의 거대한 세력이 대치할 때 약소민족은 누가 이길 것인지에 목숨을 걸게 된다. 신흥 이슬람 세력이냐, 기존의 지배자 중국이냐의 갈림길에서 서역인은 대거 이슬람의 아바스 왕조 쪽으로 지지를 돌린 것이다. 고선지는 사면초가에 빠졌고 크게 참패했다. 아랍 측 자료에 따르면 당나라 7만 군사 중 5만이 전사하고 2만 명을 포로로 잡았다고 한다. 이슬람군 총사령관은 당나라 포로들을 사마르칸트로 데려갔다. 그들은 자신들의 목숨을 지키기 위해 현지 장인들에게 종이를 만드는 생산 비법을 가르쳐 주게 된 거다. 그때부터 사마르칸트에서 종이 생산이 시작되었고, 천 년이 넘도록 사마르칸트의 장인들은 그들의 작업을 예술 수준으로 끌어올렸다.

가장 얇고 매끄럽고 잉크가 뒷면에 배어나오지 않는 독특한 유형의 종이를 생산할 수 있는 기술을 개발했다.

사마르칸트 종이를 만드는 과정은 정성과 기다림의 시간이 필요하다. 먼저 뽕나무 가지를 잘라 물에 담가 두었다가 껍질의 거친 갈색 부분을 칼로 분리해 깨끗이 씻는다. 그다음 분리해 낸 노란 껍질을 솥에 넣고 메밀대나 콩 짚대를 태워 만든 재로 양잿물을 내어 물을 붓고 5~6시간을 푹 삶는다. 시간이 지나면서 솥에 삶은 뽕나무 껍질은 미세한 섬유가 되는데 이것을 다시 몽둥이로 두드려 빻아서 물에 담그면 흐물흐물하게 부서져서 끈적한 액체 섬유가 나온다. 그것을 모아 체에 통째로 담아 얇게 펼쳐 놓은 다음 햇볕에 말리면 종이가 된다. 지금도 사마르칸트의 아름다운 종이 수공예품은 대표적인 관광 상품이다.○

타슈켄트의 종교·역사의 중심지, 하즈라티 이맘 광장과 세계에서 가장 오래된 오스만 코란

타슈켄트는 1966년 대지진의 피해를 보았지만, 그래도 과거의 모습을 많이 간직한 하즈라티 이맘 종교·역사 단지가 남아 있다. 이곳 광장에는 한꺼번에 2,000명 정도 예배드릴 수 있는 틸라 셰이크 모스크가 있고 뒤에는 무이 무보락 마드라사가 있다.

이곳에는 이슬람교의 창시자 마호메트 사후 40년 후인 672년 경 제작한 코란이 있다. 유네스코 세계기록유산 가운데 오래된 것 중

세계에서 가장 오래된 오스만 코란

하나다. 마호메트의 말씀을 문자로 기록한 이 코란은 사슴 가죽에다 나무 열매에서 얻은 염료와 피를 넣어 만든 액체로 글씨를 써서 책을 만들었다. 신문을 펼쳐 놓은 것 같은 크기의 코란이었다. 유리 안에 보관된 원본 코란을 보기 위해 많은 사람들이 몰려드는데 사진 촬영은 절대 금지다. 방문객들이 코란을 성스럽게 대하는 모습을 보며 오랜 세월이 지나도 코란은 무슬림의 영혼과 일상을 지배하고 있다는 생각이 들었다.

이곳에 있는 코란은 세 번째 정통 칼리파인 오스만이 메디나에서 제작해 세계 각 곳에 보낸 6권의 정본 중 하나라고 한다. 아마도 아무르 티무르가 원정을 나갔다가 현재 시리아나 이라크 지역에서 전리품으로 가져온 것일 거로 추측한다. 코란은 1869년 러시아가 가져가서 상트페테르부르크 국립도서관에 보관했다가 구소련 시절 무슬림들의 요구로 1923년 타슈켄트로 옮겨 왔다.

실크로드의 교차로 초루스 바자르

초루스 시장에 들렀다. '초루스'란 페르시아어로 '교차로'라는 의미이고 바자르는 '시장'이라는 뜻이다. 이곳은 마치 유목인의 유르트처럼 생긴 거대한 규모의 건물인데, 우즈베키스탄 주민들의 생활상을 엿볼 수 있는 시장이다.

건물 입구에는 모양도 크기도 다른 많은 양의 호박이 계단을 덮을 만큼 있었다. 건물 천장에서는 빛이 쏟아져 자연 채광 효과도 얻고, 개방감도 느낄 수 있다. 시장 1층에는 육류·유제품·반찬·과일·채소·빵을 팔고, 2층에는 견과류와 향신료를 주로 팔고 있었다. 그 밖에 카펫과 가구 등 온갖 물품이 있다. 초루스 바자르가 중앙아시아 최대 규모의 시장이라는 명성을 얻을 만하다는 생각을 하며 그곳을 나왔다.

근처에 있는 백화점 같은 쇼핑센터에도 가 봤다. 들어갈 때 검색대를 통과하는 점이 특이했다. 2층엔 어린이를 위한 꼬마 기차가 매장을 돌고 있었다. 부모와 함께 온 아이들이 즐겁게 타는 모습이 보기 좋았다. 지하에 생활품을 파는 매장에 갔다가 미로처럼 복잡해서 잠시 길을 잃을 뻔했다. 정신을 차리고 보니 바닥에 화살표가 있었다. 그 방향을 따라 걸으니 입구가 나왔다. 입구를 찾아가기 위

초루스 바자르

해 걷는 통로에는 모든 고객이 상품을 한 개라도 더 살 수 있게 만드는 상술이 들어있는 매장이라 역시 실크로드의 도시가 맞다고 생각했다.

24日 타슈켄트에서 사마르칸트로

티무르 제국의 중심지, 사마르칸트

　타슈켄트에서 사마르칸트로 가는 길에는 해바라기와 옥수수밭, 아직 수확이 끝나지 않은 하얀 목화밭이 넓게 펼쳐졌다. 중간에 들렀던 휴게소 옆에도 수확이 끝난 목화밭이 있어 잠시 둘러보았다. 드넓은 밭의 목화를 일일이 손으로 땄을까, 기계로 땄을까 궁금했다. 사람의 손으로 해야 한다면 뜨거운 햇살 아래 목화 따기는 엄청 고된 노동일 것 같다.

　휴게소에는 어린아이들을 위한 공간이 따로 있었다. 새와 다람쥐는 물론 놀이터도 있었다. 곳곳에 심어 놓은 꽃과 나무는 뜨거운 햇볕을 피하는 것은 물론 마음의 여유도 갖게 했다. 이곳은 사람이 모이는 곳에는 꽃을 심어 놓았다. 꽃을 가꾸는 마음에는 선함과 세상을 아름답게 가꾸려는 의지가 들어있다고 믿는다.

　버스를 타고 4시간이 지나 사마르칸트에 들어서자 오랜 역사의 향기가 느껴졌다. 2700년 전 고대 페르시아인이 세운 오아시스 도시라는 선입견 때문인지 모르겠지만 오래된 건물 특유의 느낌이 좋았다. 동방 원정길에 나섰던 알렉산더 대왕이 사마르칸트를 본 후 이렇게 아름다운 도시가 있었나! 놀라고 감탄했다는 곳. 14세기 아무르 티무르가 사마르칸트를 티무르 제국의 수도로 삼을 때 양고기의 신선도가 가장 오래 유지돼 수도가 된 곳이다. 티무르 제국이 중앙아시아를 통일하고 세상 문물이 모이던 황금시대를 보여주는 유적이 사마르칸트에는 가득했다.

레기스탄 광장의 아름다운 마드라사

제일 먼저 레기스탄 광장을 찾았다. 레기는 '모래', 스탄은 '땅'이라는 뜻이다. 동·서·북쪽 광장을 중심으로 ㄷ자 형태의 건축물은 사마르칸트의 상징으로 우즈베키스탄의 자랑스러운 세계문화유산이 됐다. 레기스탄은 하늘을 상징하는 푸른색과 닮았다. 이슬람 사원인 모스크와 신학교인 마드라사는 대부분 유약을 발라 구워낸 푸른색 벽돌로 장식해 푸른 도시로 불린다.

레기스탄의 마드라사 가운데 가장 먼저 건립된 울르그백 마드라사는 티무르의 손자가 지었다고 한다. 33미터 높이의 미나렛 정상은 벌집 모양의 무콰르나 장식이다. 맞은편에 세르도르(호랑이가 있다는 뜻) 마드라사가 있는데, 상부에 두 개의 태양과 사자의 갈기를 가진 두 마리의 호랑이가 사슴을 쫓는 조각이 있다. 이슬람 문양으

레기스탄 마드라사(위)
사마르칸트 빵
레기스탄에서 만난 학생들
사마르칸트 레기스탄 광장의 야경(아

로는 드물게 동물이 표현돼 있어 놀랍지만 사자와 태양은 국가와 지배자의 절대적인 힘'을 의미하기에 사용했나 보다.

광장 북쪽에는 이슬람 교육기관 티랴카리 마드라사가 있다. 이곳 마드라사의 돔 천장은 금도금 장식인데, 황금으로 장식한 꽃과 식물의 줄기, 기하학적 문양은 정교하고 아름답다. 어떻게 사람의 손으로 이리 섬세하게 표현했을까 싶다.

아쉬운 점은 예전에 학생들이 사용하던 방이나 교실은 유네스코 세계문화유산인데 오늘날은 수공예품을 파는 상점이 되어 손님들을 맞고 있다는 점이다. 그나마 예전 이곳의 모습을 볼 수 있는 사진 자료와 유물을 함께 볼 수 있는 공간이 있어서 다행이었다. 구석구석 돌아보고 사원 계단에 앉아 황금빛으로 물드는 일몰의 장관에 흠뻑 빠지기도 했다. 레기스탄 광장의 화려한 조명 쇼를 보기 위해 자리 잡고 앉았다가 뜻밖의 일행을 만났다. 사마르칸트 외국어대학 한국어과 3학년 하디자와 한국어 학원에서 3개월째 한국어를 배우고 있다는 16살 학생들이었다. 그들은 일주일에 한 번 레기스탄 광장을 찾아 한국인 관광객을 만나 한국어로 말해 볼 수 있는 기회를 만들기 위해 온다고 했다.

학생들의 반짝반짝 빛나는 눈빛을 보며 그들이 왜 한국에 관심이 많은 지 궁금했다. 하디자는 한국의 문화에 관심이 많아 대학을 졸업하면 대학원 과정은 바다가 있는 부산대학교에서 공부하고 싶다는 구체적인 계획을 갖고 있었다. 16살 소년 사흐람이나 후스느

든은 한국에 가서 일을 해 돈을 벌고 싶다고 했다. 이들은 한국에만 가면 돈을 벌 수 있다고 생각하는 것 같았다. 나는 그들이 한국을 돈을 버는 곳으로만 여기는 게 아닐지 걱정이 됐다. 그래도 학생들과 이런저런 이야기를 나누며 그들의 궁금증도 풀어 주고, 한국어 발음도 고쳐 주고 재밌는 시간을 보냈다. 그들에게도 나에게도 그 시간은 이제 추억이다.

오후 8시, 레기스탄 광장에서 빛의 향연이 펼쳐졌다. 전통음악의 선율 속에 시시각각 변하는 색에 빠졌다. 잠시 오아시스 도시에 뿌리내리고 오손도손 살았던 사람들이 소박한 소망을 안고 쳐다보았을 밤하늘을 바라보며 사마르칸트의 하루를 마감했다.

25日 사마르칸트 둘째 날

내가 이 관을 나가는 날, 세상은 혼돈에 빠진다

　과거 중앙아시아를 세계의 중심에 둔 티무르 제국 유적지가 있는 사마르칸트는 지난 역사의 자취가 배어 있어 고풍스러운 느낌이 들었다. 현지 투어 가이드의 안내로 아침 일찍 길을 나섰다. 7개 국어를 한다는 현지 가이드는 사마르칸트 외국어대학에서 한국어를 공부하고, 모스크바에 있는 한국 기업에서도 근무한 적이 있어 한국어도 능숙했는데, 자신을 고고학자라고 소개했다. 가장 먼저 18세기까지 아무르 티무르 왕의 궁전이 있던 터로 갔다. 현지인이 아니면 알 수 없을 이곳은 '파란성'이라는 뜻으로 '쿡사라이'라고 불렸는데, 현재 궁전의 모습은 간 곳 없고 상가 건물만 있었다. 이른 아침이라 열리지 않는 건물의 앞모습도 쇠락한 왕조처럼 쓸쓸해 보였다.

　세상의 문물이 모여들던 곳, 수많은 정복자가 탐내 이 땅을 차지하기 위한 전쟁이 끊이지 않던 곳, 그곳이 바로 우즈베키스탄의 사마르칸트였다. 현지 가이드의 설명을 들으며 찬란했던 사마르칸트의 유적 파괴는 근래 러시아와 구소련 시대에도 심했다는 것을 알았다.

19세기 러시아는 우즈베키스탄을 지배하고 지난 역사를 지우기 위해 수많은 유적을 파괴했다. 일부 모스크를 폭격 연습장으로 만들고, 18세기까지 아무르 티무르의 궁정이 있던 곳을 없애고 보드카를 생산하는 공장을 만들었다고 했다. 보드카는 밀로 만드는데 발효과정에서 악취가 심하게 나서 그곳을 지나갈 수 없을 정도였다고 한다. 우리도 일제강점기를 지낸 터라 왕이 머물렀던 장소가 유린당한 그 수치심이 무엇인지 알 것 같았다.

구르 아무르 영묘

부지런히 걸어서 '구르 아무르 영묘'를 찾아갔다. 이른 아침인데도 세계 각국에서 온 관광객으로 붐볐다. 구르 아무르 영묘는 스스로 칭기즈칸의 후예임을 자부하며 이란, 파키스탄, 유럽, 북인도까지 넓은 영토에 대제국을 건설했던 아무르 티무르의 무덤이다. 원래 이 무덤은 아무르 티무르가 자신의 후계자로 내정한 손자 무함마드 술탄이 이란에서 전사하자 추모하기 위해 1404년에 건설했다. 그러나 티무르도 1년 뒤인 1405년에 중국 원정길에 나섰다가 병사하면서 이곳에 묻히게 됐다.

티무르의 주검이 담긴 검은색 관에 "내가 이 관을 나가는 날, 세계는 혼돈에 빠질 것이다."라는 예언의 경고문이 적혀 있었다. 실제로 1941년 당시 소련의 한 고고학자가 아무르 티무르의 관을 열어 조사했는데, 며칠 후 독일군이 소련을 침공했다. 소련군은 놀라서 유골을 수습했고 관을 닫은 지 이틀 만에 승리할 수 있었다. 전설 같은 이야기는 티무르를 더욱 영웅처럼 느끼게 했다.

짙은 푸른색 타일로 꾸며진 아치형 문을 들어가면 죽은 마호메트의 나이를 의미하는 63줄의 주름으로 된 푸른색 둥근 지붕과 코란 구절이 새겨진 모습을 볼 수 있다. 돔 건물 내부에는 티무르 왕가 묘를 포함해 8개의 대리석 관이 있다. 가운데 검은색 옥관이 티무르의 것이고, 북쪽에는 티무르의 스승 사이드 베르케, 남쪽에 있는 것이 손자 올르그벡의 무덤이라고 한다. 금을 입혀 장식한 천장과 벽의 오밀조밀한 문양은 화려하고, 이란에서 가져와 썼다는 빛을 발산하는 오닉스 돌의 색감은 중후하고 기품 있었다. 그런데 1층은 묘의 위치를 재현해 놓은 것일 뿐 실제 시신은 영묘 옆 지하 무덤에 따로 안치돼 있다고 한다.

영묘 밖을 나오니 마당 한쪽에 커다란 돌확이 있었는데, 티무르 제국 시대에 군인들이 전쟁에 나갈 때 피를 상징하는 와인이나 석류 주스를 이 확에 가득 채웠다가 한 잔씩 먹었다고 한다. 이것은 전쟁터에 나가는 군인들의 결의를 다지는 의미도 있었고, 전쟁이 끝나고 다시 돌아온 병사들이 다시 돌확에 가득 찬 와인이나 석류

구르 아무르 영묘와 티무르 군인이 피의 맹세를 했던 돌확

주스를 먹고 난 후 남은 양을 보고 얼마나 많은 병사가 돌아오지 못했는지 그 숫자를 가늠하는 기준이었다. 사연을 듣고 나니 돌아오지 못한 수많은 사람 생각에 마음이 무거웠다.

問29 아무르 티무르는 어떤 인물?

아무르 티무르(1370~1405년)는 몽골의 후손으로 칭기즈칸의 후예임을 자처하며 중앙아시아에 티무르 제국을 세웠던 통치자다.

그는 몽골제국이 무너지고 실크로드가 지나가는 길목인 이곳이 분열해 자주 싸우고 충돌하자 과거 몽골제국처럼 통일시켜야 한다고 생각했다. 그래서 지금의 튀르키예, 이란, 아프가니스탄, 파키스탄, 캅카스산맥, 아나톨리아 동부 내륙 지역까지 원정을 떠나 통일을 완수했다. 그는 뛰어난 군사 전략가이자 정복자로서 그의 제국은 중앙아시아, 서아시아, 그리고 동유럽에까지 영향력을 미쳤다. 그가 통치하던 시절 실크로드는 안전하고 수익이 좋은 길로 부활하게 됐다.

모스크바와 인더스강을 넘어 인도 델리를 점령하고 당시 세계 최강 오스만제국을 격퇴했던 아무르 티무르는 60세가 넘어 명나라 정벌을 나섰다가 병을 얻어 세상을 떠났다. 그는 무슬림 신앙인이었고 학문을 가까이한 현명한 군주였다고 한다. 하지만 그의 정복 전쟁으로 수많은 사람이 죽었다. 그는 진정 현명한 군주일까.○

아무르 티무르 대모스크와 비비하눔 영묘

사마르칸트에서 가장 유명한 건축물 중 하나인 '아무르 티무르 대모스크'는 티무르가 1399년 인도 원정을 마치고 돌아온 후 짓기 시작해 1404년도에 완성했다. 티무르는 자신이 정복한 지역을 파괴하고 저항하는 자들을 무자비하게 살육했지만 사마르칸트를 가장 아름다운 도시로 만들기 위해서 기술자만은 살려서 데리고 왔다. 다른 어떤 사원보다 웅장하고 아름다운 모스크를 지으려고 했던 그는 인도 원정에서 수집해 온 호화로운 원석과 90마리의 코끼리를 잡아 와서 건축하는 데 사용했다. '아무르 티무르 대모스크'는 이슬람 건축의 진수를 볼 수 있는 건물로 섬세한 타일 장식과 정교한 문양, 파란색과 녹색의 조화는 세월이 흘러도 변하지 않을 아름다움을 간직하고 있었다.

맞은편에는 티무르가 사랑했던 왕비 비비하눔의 영묘가 있다. 그동안 지진과 관리 부실로 퇴락한 면도 있지만 영묘의 외부 벽장식 타일의 꽃문양은 아름다웠다. 이 무덤의 주인공인 비비하눔에게 남자의 분노와 질투에 대한 이야기가 전설처럼 내려와서 더 궁금증을 갖게 했다. 현지 가이드가 전하는 말로는 티무르가 인도 원정을 떠난 후 왕비인 비비하눔이 공사를 독려하며 완공 시기를 앞당기려다 결과적으로 부실 공사가 됐다고 했다. 그 증거는 지진으로 무너진 사원을 복원하는 과정에서 드러났다. 비비하눔 영묘는 지진으로 파괴됐다가 1974년 이전의 모습으로 복원됐다. 현재 이곳의 메인 모스크는 무너진 흔적이 남아 있어 천장과 벽도 보수 공사가 필요해 보였다. 복원 전 과거의 모습은 사진으로 확인할 수 있었다.

問30 비비하눔 그녀는 정말 건축가와 키스했을까?

비비하눔은 차가타이 칸국 마지막 왕인 카잔왕의 딸로 칭기즈칸의 후예다. 원래 티무르와 의형제를 맺었던 아무르 후사인의 부인이었는데, 후사인이 티무르와의 전투에서 죽은 후 티무르는 비비하눔을 자신의 왕비로 삼았다. 칭기즈칸의 직계 후손이 아니었던 티무르는 비비하눔을 아내로 맞아 카잔 왕의 사위가 되면서 자신의 권위에 정통성을 갖게 된다.

티무르는 비비하눔을 사랑했고, 비비하눔 역시 마찬가지였다. 총명하고 통찰력 있던 그녀는 티무르가 해외 원정을 나가면 그를 대신해 업무를 대신하기도 했다. 모스크를 지을 때도 인도에 원정을 떠난 남편 티무르를 대신해 공사 현장 감독을 한 것이다. 티무르가 전장에서 돌아오는 날에 맞추어 완성된 모스크를 자랑스럽게 보여 주려고 했는데 시간이 부족해 공사 일정을 채워 완공하기가 빠듯했던 상황이었나 보다.

그런데 비비하눔을 짝사랑하던 건축가가 사랑을 고백하며 자신에게 키스를 해 주지 않으면 공사를 더 이상 진행하지 않겠다고 버텨, 어쩔 수 없이 키스를 허락했지만 얼굴에 자국이 남아 원정에서 돌아온 티무르가 사실을 알게 되었단다. 진노한 티무르는 건축가를 미나렛 꼭대기에서 아래로 던져 죽여 버리고, 비비하눔에게는 얼굴을 감추는 차도르를 쓰게 하고, 여자들에게는 남자들이 유혹에 빠지지 않도록 베일을 쓰게 했다는 전설이 내려온다.

하지만 이것은 사실이 아니고 지어낸 이야기임이 분명하다. 티무르가 가장 아끼고 사랑했던 비비하눔의 아름다움을 돋보이게 하고, 부실 공사로 마무리가 된 모스크 건설에 만족하지 못했던 티무르의 마음이 후대에 전해지며 이런 재밌는 이야기가 꾸며졌다는 생각이 든다. 정말로 비비하눔이 부정을 저질렀다면 비비하눔 영묘는 아예 지어지지 않았을 테니까.○

죽음의 공간 이슬람 성지 샤히진다

샤히진다는 사마르칸트로 들어올 때 봤던 오른쪽 언덕 위에 있던 무덤이었다. '살아있는 왕'이라는 의미의 이 공동묘지의 기원은 7세기 사마르칸트에 이슬람을 전파한 예언자 모하메드의 사촌 형인 쿠삼 이븐 아바스가 이곳에 묻히면서 티무르 제국의 이슬람 지도자와 왕족들이 앞다퉈 이곳에 묘를 썼다는 것이다.

샤히진다 입구에는 '천국으로 가는 계단'이라는 가파른 계단이 있다. 올라갈 때와 내려올 때 계단의 수를 세어 40개로 같으면 천국에 갈 수 있고, 만약 다르면 그 차이만큼 죄가 있어 천국에 들어가기 어렵다는 재밌는 이야기도 전한다. 막상 계단을 오르다 보면 숨이 차니까 정신 차려 세었던 숫자를 자꾸 잊어버리게 된다.

계단을 올라가면 4m 남짓 되는 골목을 사이에 두고 43개의 영묘가 빼곡하게 들어 있다. 건물 외벽은 정교한 아라베스크 문양인 청록색과 푸른색 타일로 장식해 애도와 신성함을 담았다는데 세상에 이렇게 공동묘지가 화려하고 예쁠 수 있을까. 관광객과 순례객들로 가득해서 이곳이 무덤이라는 생각이 들지 않았다.

막다른 골목 안쪽에는 쿠삼 이븐 아바스의 묘가 있는데 순례객

죽음의 공간 샤히진다

에게는 성지나 마찬가지다. 그는 이슬람교를 전하다 불을 숭상하는 조로아스터교 신자의 공격을 받아 참수를 당했다는데 자신의 잘린 머리를 들고 이곳의 깊은 구덩이로 들어갔다고 한다. 그래서 이슬람교 신자들은 그가 죽지 않고 영생을 얻었고 언젠가 그들을 구원하기 위해 나타날 거라고 굳게 믿고 있단다. 쿠삼 이븐 알 아바스의 묘를 세 번 참배하면 사우디아라비아에 있는 메카를 순례한 것과 같다고 여겨 수많은 이슬람 신자가 이곳을 찾고 있었다. 지하에 잠든 분들이 시끄러워서 괜찮을까 싶기도 했다. 특별했던 것은 당시 유대인들의 무덤도 샤히진다에 남아 있다는 점이었다. 죽은 자는 말이 없는데 산 자는 여러 가지 의미를 만들어 내며 오늘을 살고 있었다.

티무르 제국의 천문과학기술의 전초기지 울루그벡 천문대

울루그벡 천문대는 사마르칸트의 북동쪽에 있다. 어린아이가 공을 가지고 놀다가 이곳으로 굴러간 공을 찾으려다 우연히 천문대 터를 발견했다고 한다. 울루그벡은 아무르 티무르의 장남인 샤 르후의 첫째 아들이다. 그는 학문을 장려한 천문학·신학·수학·역사 등에 조예가 깊은 학자이자 군주였다. 보수적인 이슬람 지도자들은 이런 군주를 못마땅하게 여겼다. 당시는 알라신이 세상의 중심이라고 믿던 시대인데, 임금이 천문학을 공부해 별과 달을 보며 1년의 길이를 365일 6시간 10분 9초로 계산해 농사와 나랏일에 적용하니까 알라신의 뜻에 위배된다고 본 것이다. 결국 보수적인 이슬람 종교 지도자들은 울루그벡의 아들을 부추겨 반란을 일으키게 하고, 아버지 울루그벡을 살해했다. 종교적 맹신이 과학을 인정하지 않은 결과다. 천문대는 철저히 파괴되고, 사마르칸트는 그 후 쇠퇴의 길을 걷게 됐다.

지금 울루그벡 천문대가 있던 자리에는 해·달·별의 위치와 움직임을 정하는 데 사용했다는 대리석으로 만든 거대한 육분의가 가장 유명하다. 이곳에 있는 박물관에 갔더니 우리나라 만 원권 화폐 뒷면에 있는 혼천의를 닮은 것도 있었다. 울루그벡의 천문학은 인도와 중국을 거쳐 우리나라에도 영향을 준 것이 분명하다는 생각이 들었다.

천문대 입구에 푸른빛을 뿜어내는 그의 동상을 바라보며 그가 했다는 말을 떠올려 보았다. "종교는 안개와 같이 흩어지고 왕국은 쇠락한다. 그러나 과학자들의 업적은 영원하다."

아프라시압박물관과 한반도에서 온 사신

샤히진다 묘지에서 위쪽 길을 따라 올라가 아프라시압 언덕에서 발굴한 유물들을 전시해 놓은 아프라시압박물관을 찾았다. 이곳에는 1965년 아프라시압 궁전 터를 발굴하던 중에 발견한 한반도에서 온 사신이 그려진 벽화가 있고, 입구에는 코리아실크로드 우호협력기념비가 세워져 있었다.

과거 아프라시압 지역은 마케도니아의 알렉산더 대왕에게 점령당하고, 7세기경 소그드인들이 세운 도시국가들이 있던 곳이다. 1220년 칭기즈칸의 침략으로 철저하게 파괴됐다. 소그드인은 천부적인 장사꾼으로 남자는 5세가 되면 글을 배우고, 어지간히 배우고 나면 집을 떠나 장사를 익혔다. 아이가 태어나면 입안에 꿀을 넣어 주고, 손에는 아교를 발라 주었다. 그 이유는 언제나 입으로 달콤한 말을 하고, 손에 돈을 쥐면 아교처럼 딱 붙어 빠져나가지 않기를 소원하기 때문이다.

궁전터에서 발굴된 벽화에 그려진 사신도를 보고 우리나라 역사계는 큰 관심을 보였다. 새의 깃털로 장식한 조우관을 쓰고, 손잡이에는 동그란 고리가 있는 가늘고 긴 칼인 환두대도를 차고, 두 손을 맞잡고 고개를 숙인 두 인물의 모습은 7세기경 한반도와 중앙아시

아프라시압박물관 벽화. 오른쪽 끝에 두 사람이 한반도에서 온 사신으로 알려져 있다.

아 지역과 교류했다는 역사적 사실을 증명해 보였다.

박물관 내부에 들어가면 유리벽 안에 전시된 벽화를 볼 수 있다. 오른쪽에 있는 벽화의 원본은 프랑스에 가 있어 영상으로만 볼 수 있었고, 가운데와 왼쪽 벽에 진본 벽화는 소그디아나 왕이 여러 나라에서 온 사신을 접견하는 모습을 담고 있다. 이 벽화는 발굴 당시 공기와 접촉하면서 산화되어 색이 바래 버렸다. 형태만 보일 뿐 섬세한 선이나 색을 구별하기 어려워 매우 안타까웠다.

問31 아프라시압박물관 벽화에 있는 사신은 고구려·백제·신라 중 어디에서 온 사신일까?

벽화 속 조우관을 쓴 사신은 한반도에서 온 것은 확실한데 고구려·백제·신라 중 어디에서 왔느냐는 학자들 사이에 의견이 다르다. 우리나라 학자들 사이에서도 고구려와 신라로 의견이 나뉘고 있다. 그러면 어떤 점이 쟁점 사항일까?

첫째, 조우관과 환두대도는 삼국 모두가 사용했던 의례용 모자와 무기고, 소매에 손을 넣고 머리 숙여 인사하는 태도 역시 삼국 공통이었기에 특정 국가라고 규정짓기 어렵다는 것이다.

둘째, 연구 결과 벽화의 주인공인 소그드왕국의 바르흐만 왕의 재위 기간이 655년에서 675년인데, 이때는 660년 신라와 당나라의 연합군이 백제를 공격해 멸망시킨 때와 겹친다. 한편, 중국 역사책에 658년 당나라 황제가 소그드왕국의 바흐르만 왕을 도독으로 임명해 군신 관계를 맺으려 사신단을 파견했다는 기록이 있는데, 그때는 신라와 당나라 연합군이 고구려·백제와 전쟁을 치르는 상황이다. 그런데 당나라 황제가 보낸 사신단에 적국인 고구려·백제의 사신을 보낸다는 것은 납득하기 어려운 일이다. 그래서 신라에서 보낸 사신일 거라고 주장하는 학자도 있는 것이다. 그 근거로 신라 고분 황남대총을 비롯해 여러 고분에서 중앙아시아 쪽 실크로드 지역과 교류 관계를 보여 주는 유리그릇, 장식 보검, 뿔 모양 잔, 상감 유리구슬이 발굴된 것을 내놓는다.

셋째, 1913년 평안남도 남포시 고구려 무덤 쌍용총에서 발굴된 벽화 속 인물도 새 깃 2개를 꽂아 장식한 조우관을 썼는데 옷차림이 아프라시압에서 발굴된 인물과 비슷해 고구려 사신으로 보는 것이다.

타당성 있는 흥미로운 주장이다. 진실은 무엇일까? 그래도 분명한 것은 7세기경 한반도와 사마르칸트는 교류가 있었다는 점이다.○

26日 사마르칸트에서 부하라로

타임머신을 타고 1, 12, 13, 15, 17세기 부하라로

사마르칸트에서 부하라까지 4시간 정도 걸려 이동했다. 날씨는 흐려 덥지 않아 좋았고, 창밖 풍경은 지평선이 보이는 평원, 목화밭, 옥수수밭, 포도밭이 이어졌다. 마을 주변에는 뽕나무와 포플러나무도 울창했다. 고층 건물이 적은 이곳은 하늘도 가리는 것 없이 탁 트인 개방감이 좋았다.

휴게소에 들렀다가 이곳 사람들이 즐겨 먹는 삼사를 빚어 화덕에서 굽는 모습을 봤다. 버터, 밀가루, 소금, 물로 만든 반죽을 여러 번 반복해서 접은 페이스트리 반죽에 감자, 다진 양파와 다진 고기 등을 넣어 구워 낸 음식이다. 겉은 바삭 속은 촉촉하다. 양고기나 쇠고기를 넣어 한 입 먹으면 육즙이 번진다. 부드럽고 고소해 파이 같기도 하다. 마늘·양파·레몬즙·향신료가 들어 있어 느끼한 맛을 잡아 준다. 잔치나 장례 등 의례에 빠지지 않고 일상에서 즐겨 먹는

삼사를 굽는 화덕과 부하라 올드타운 골목

음식이다. 우리 만두와 비슷한데 화덕에서 굽는 점이 다르다. 삼사를 빚고 굽는 전 과정을 볼 수 있었던 시간은 지금도 눈에 선하다. 맛있는 냄새도 코끝에 맴도는 것 같다.

부하라 시내에 들어서자 주상복합 건물들과 시원하게 뻗은 도로가 보였다. 신도시와 구도시로 나뉘어 있는데 신시가지 쪽은 차들도 많이 다니고 복잡했다. 숙소에 짐을 풀고 잠시 쉬었다가 구시가지 유적지를 보러 나섰다. 모든 게 낯설었다. 지도를 봐도 동서남북 분간을 못 하겠고, 설명도 읽어도 무슨 뜻인지 이해할 수 없어 답답했다.

일단 올드타운 쪽으로 택시를 타고 갔다. 거의 다 온 것 같은데 바리케이드를 쳐 놓은 경찰이 들어갈 수 없다며 막았다. 대형 관광 버스의 통행은 허락하면서 택시는 막으니까 택시 기사는 같은 외국인 여행객을 태웠는데 왜 차별하냐고 경찰에게 항의했지만 별수 없었다.

택시에서 내려 걷고 걸어서 현지 주민들에게 물어 올드타운을 찾아갔다. 가는 동안 주민들의 삶이 이어지는 미로 같은 골목길을 걷는 재미에 빠졌다. 일단 이곳 주택의 대문은 집의 규모에 비해 컸다. 꽉 닫힌 대문은 높은 담처럼 외부와 바로 차단이다. 그래서 여행자인 나는 대문 안에서 어떤 소소한 삶의 이야기가 익어가고 있을까 궁금했다.

라비 하우즈, 나디르 디반베기 마드라사, 굼바스

부하라에서 가장 많은 사람이 모이는 라비 하우즈에 도착했다. 라비는 우즈베크어로 '주변', 하우즈는 '연못'이라는 뜻이다. 이곳은 인공으로 조성한 연못을 중심으로 레스토랑과 상가, 호텔이 둘러싸고 있다. 연못에서는 백조가 떠다니고 시원한 물줄기가 분수로 솟아나고, 사람들은 그 모습을 바라보며 차를 마시고 식사를 하며 이야기를 나눈다. 연못 한쪽에는 1477년에 심었다는 실크로드의 상징인 뽕나무가 아직도 자라고 있었다. 그 모습을 보니 부하라 시민에게 라비 하우즈는 없어서는 안 될 휴식 공간이라는 생각이 들었다.

　라비 하우즈를 둘러싸고 2개의 마드라사가 있다. 그중 동쪽에 있는 '나디르 디반 베기 마드라사' 입구에는 푸른 모자이크 장식에는 사슴을 낚아챈 새 두 마리가 사람 얼굴 모양인 태양을 향해 날고 있는 모습이 있다. 이곳에 들어가니 탁 트인 정원 내부 1층에 전통 수공예 공방, 기념품 가게가 있었는데 저녁에는 앞마당에 설치된 테이블에 앉아 식사하면서 다채로운 공연을 볼 수 있는 곳이었다. 한때 각지에서 몰려든 학생들이 이슬람의 교리와 천문학·철학·역사·음악 등을 연구하고 배웠을 이곳이 상업 공간으로 변한 것은 안타깝지만 유적으로만 남아 있지 않고 사람들과 소통하는 공간이 되어 유적에 활력을 줄 수 있다는 생각도 들었다.

　연못의 서쪽 축대 위에 '나디르 디반베기 카나카'라는 멋진 건물이 위풍당당한 모습으로 서 있다. 1620년에 완공된 이 건물은 여행하거나 세상을 떠돌아다니며 공부하는 무슬림들을 위한 숙박시설 용도로 지어진 건물인데 지금은 박물관으로 활용되고 있었다. 칭기즈칸의 침략 당시 완벽하게 파괴된 부하라 서쪽에 있던 바라크샤 지역의 유물을 볼 수 있는 곳이었다.

연못인 라비 하우즈와 굼바스 상가

마드라사 앞 공원에 아주 익살스러운 표정을 하고 당나귀에 올라탄 채 손을 들고 있는 인물의 동상이 있었는데 돈키호테의 이미지가 떠올랐다. 알고 보니 그는 13세기에 현재 튀르키예 땅에 살았던 나스레딘 호자인데 투르크 민족의 구전문학과 풍자문학을 기록한 역사적 인물이었다. 많은 사람들은 그의 즐거운 표정에 전염되려는 듯 줄을 서서 동상 옆에서 웃음꽃을 피우며 사진을 찍었다.

라비 하우즈를 뒤로 하고 가까운 거리의 굼바스로 이동했다. 굼바스는 서로 연결된 돔형의 상가들을 통칭하는 말이다. 굼바스 지하에는 맑은 물이 흐르는 수조가 조성돼 있어서 더울 때도 굼바스에 들어가면 시원했다. 상가에는 모자·귀금속·카펫·직물·수공예품을 팔려는 상인들이 많았다. 입구의 지붕이 높은 것은 과거 주요 교통수단이었을 낙타가 지나다닐 수 있도록 해 놓았기 때문이었다.

수로 옆을 걷다가 고대 공중목욕탕 발굴 현장을 보았다. 언뜻 보면 무너진 벽돌이 허물어진 집터인가 싶었는데 그곳은 실크로드 대상들이 몰려와 사막의 오아시스와도 같은 이곳에서 필요한 정보를 교환하고 긴 여정의 피로를 풀었던 목욕탕이었다. 사막 도시에 수로를 내고 공중목욕탕까지 지었던 이곳 사람들의 지혜에 감탄했다. 발굴 유적지 뒤로 보이는 건물들은 부하라가 빛나던 시절 실크로드 대상과 여행자들을 위한 숙소와 식당, 상점 등의 편의 시설이었을 거라 상상하며 걸었더니 타임머신을 타고 그 시간 속을 걷고 있는 것 같았다.

웅장한 칼란 미나렛과 칭기즈칸

파란 하늘을 배경으로 우아하게 솟아 있는 독특한 파란색 돔은 어디서든 눈에 들어왔다. 걷다 보니 칼란 미나렛 광장에 도착했다. 칼란모스크는 중앙아시아에서 두 번째로 큰 모스크로 한 번에 일만 명이 기도를 드릴 수 있는 큰 규모였다. 높이 47m의 칼란 미나렛에는 특별한 스토리가 전해 온다.

13세기, 정복지를 철저하게 파괴하기로 악명 높은 칭기즈칸이 부하라에 왔을 때 바람이 불면서 모자가 땅에 떨어졌다. 고개를 들어 보니 칼란 미나렛이 앞에 있었던 것이다. 칭기즈칸은 자신의 머리를 수그리게 한 미나렛을 파괴하지 못하도록 몽골군에게 명령을 내렸다. 그 후 칼란 미나렛은 800여 년 동안 부하라를 굽어보며 무슬림들에게 신앙의 위대함을 알리고, 실크로드 대상들에게는 초원의 등대가 돼 주었지만 한때 죄수를 자루에 담아 던지는 처형대로 사용된 적이 있다고 한다. 어떤 죄를 지었길래 그렇게 끔찍한 죽임을 당해야 했을까. 이곳에서 뜻하지 않은 선물 같은 풍경을 만났다. 바로 해가 지는 석양이다. 황금빛을 황홀하게 뿜어내며 긴 여운을 남기며 지는 해는 부하라에 있다는 그 순간을 잊지 않게 해 주었다.

問32 이슬람 도시인 부하라에 유대인 회당 시나고그가 있는 이유는 뭘까?

기원후 70년 유대인들은 로마에 패해 멸망했다. 그 후 유대인들은 나라 없이 세계 각 처로 흩어져 살면서 차별과 배제를 당했다. 상업과 무역에 종사하며 유대인의 전통과 정체성을 지키며 살아가려고 노력했다. 유대인들은 고대 페니키아인들의 유리 제조 기술을 중앙아시아로 갖고 들어와 유리 제조업을 담당했고, 중세시대인 12세기 무렵 사마르칸드에서는 유대인 공동체가 크게 부흥했다.

　부하라의 라비 하우즈에서도 유대인과 관련된 재미있는 전설이 전한다. 300여 년 전 부하라의 재정과 세금 업무 담당관이었던 나디르 디반베기가 마드라사 앞에 연못을 연결해 이슬람 여행자를 위한 숙박 시설과 마드라사를 짓고 싶어 했다. 그런데 바로 그 땅은 부유한 유대인 여인이 소유하고 있었다. 하지만 그 땅의 소유자 유대인 여인이 팔기를 거부하자 그 여인의 집 둘레에 수로를 파서 집이 고립되도록 한 것이다. 그러자 그 여인은 당시 부하라의 통치자를 찾아가 땅값을 준다는 것을 거절하고, 대신 다른 자리에 유대인 회당을 건설할 수 있는 땅을 주면 집을 팔겠다고 조건을 내세웠다. 나디르 디반베기도 수락하고 땅을 넘겨주면서, 유대인 회당인 시나고그가 설립될 수 있었던 것이다. 지금도 사라폰 거리에는 벽돌로 지은 부하라 최초의 유대인 회당인 시나고그에서 예배를 드리는 사람이 있고, 유대인 문화센터가 운영되고 있다.◇

27日 역사가 스며 있는 부하라

몽골, 투르크족, 소련 등에 숱하게 침략당하면서도

부하라의 아침은 파란 하늘과 함께 열렸다. 새벽에 살짝 비가 왔는지 도로에 물기가 배어 있어 상쾌했다. '부하라'라는 지명에는 고대 산스크리트어의 '비하리'에서 유래하는데 수도원이라는 뜻이 담겨 있다. 그래서일까 도시 전체가 이슬람 사원과 유적지로 가득했다. 부하라 구도심은 전체가 유네스코 세계문화유산으로 지정된 특별한 곳이다. 전날 미처 다 보지 못한 부하라 올드타운 쪽으로 가기 위해 택시를 탔다. 이곳 택시비는 한국에 비해 매우 저렴해 바가지를 쓸까 봐 걱정했던 것은 기우였다.

가장 오래된 이스마엘 사마니 영묘와 볼로하우즈 모스크

먼저 사마니공원 안에 있는 이스마엘 사마니 영묘를 찾았다. 사마니 영묘는 이슬람 초기 건축양식 부하라에서 가장 오래된 건축

이스마엘 사마니 영묘

물이다. 9세기 말 부하라를 점령한 이란계 사만왕조의 시조인 이스마엘 사마니와 그의 아버지, 또 손자를 위해 지은 건물이다. 945년에 완공된 이 건물은 흙에 낙타젖을 섞어 단단하게 구운 벽돌을 사용했다고 해서 더 유명하다. 직육면체 형태인데 지붕은 둥근 돔이고, 요철 모양으로 쌓아 올린 벽면은 여러 문양의 각도에 따라 음영

볼로하우즈 모스크

이 다양하게 변했다. 미적 감각과 정교한 멋이 뛰어나 당시 건축기술이 그저 놀라울 따름이라 감탄했다.

 날씨는 더웠지만 근처의 재래시장을 통과해 현지인들이 걷는 골목길을 따라 걷다 넓은 도로를 만나고 볼로하우즈 모스크도 찾았다. 이곳에는 호두나무와 뽕나무로 만든 20개의 나무 기둥에 칠한 천연염료는 오랜 세월이 지나 색이 바래기도 했지만 늠름했다. 기둥이 받치고 있는 기둥머리의 화려한 조각 역시 화려하고 정교하면서도 기품이 있었다. 건물 앞 연못에도 기둥이 비쳤다. 이렇게 아름다운 건축물을 남긴 사람들의 솜씨와 당시의 경제력이 얼마나 대단했는지 생각하는 시간이었다.

격동의 역사를 품고 있는, 아르크성

볼로하우즈 모스크를 뒤로하고 도로를 건너니 아르크성이 턱 하니 앞에 있었다. '성채', '커다란 궁궐'이라는 뜻을 가진 아르크성은 황톳빛 사암으로 된 흙벽돌로 쌓았는데 거대한 요새처럼 보였다. 외벽의 길이가 780m, 높이는 16~20m, 면적은 1만 2,000평이라니 굉장하다. 서기 5세기경에 처음 지어진 이 성은 부하라 지역을 지배했던 왕실이 거주했던 곳이다. 하지만 1920년 러시아의 공격에 함락당하자 왕은 아프가니스탄으로 망명하고 부하라 왕국 시대는 막을 내렸다. 현재는 부하라의 대표 관광 명소며 역사를 다루는 박물관으로 활용 중이다.

입장료도 다른 곳에 비해 비쌌지만 관광객은 끊이지 않고 계속 성문으로 들어갔다. 대부분 유럽인, 중국인 단체 관광객이었다. 성문 안으로 들어가면 언덕길이 나오는데 양쪽에는 기념품 가게도 있고, 옛 아르크성과 현재 아르크성의 사진도 전시 중이었다.

성 위에 오르자 제일 먼저 본 것은 오래된 목조 모스크였다. 17세기에 세워진 주마 모스크로 1920년 러시아 폭격에도 원형을 거의 잃지 않았다. 모스크 3면의 지붕을 떠받치고 있는 기둥의 정교한 조각과 천장의 화려한 채색과 문양이 눈길을 끌었다. 코란과 이슬람 관련 종교 물품을 전시하고 있었는데 커다란 코란부터 우표만 한 크기의 코란까지 있어 신기했다.

성안 골목을 따라 걷다가 광장에 주마 모스크와 비슷한 모양의

아르크성
왕의 의상을 입고 사진 찍는 아이들

나무 기둥 회랑이 있는 건물을 만났다. 벽 쪽은 흰색으로 깔끔하게 칠이 되어 있고, 중앙에 황금빛 의자가 놓여 있었다. 이 광장에서 왕의 즉위식이나 외교사절 접견이 있었다. 그래서일까 과거 부하라 왕이 앉았던 자리는 만인의 포토존이 됐고 왕의 의상을 빌려 입고 어른도 아이들도 사진을 찍느라 북적북적했다.

접견실 뒤쪽 건물은 고고학박물관과 자연사박물관으로 나누어 운영하고 있었다. 구석기 시대부터 내려오는 유물과 정교한 카펫과 직물, 전통의상과 악기, 갑옷, 왕실에서 사용했던 도자기, 주석으로 만든 정교한 무늬의 주방기구들을 보니 과거에도 부하라의 수공예품 수준도 대단했다는 생각이 들었다. 정말 안타까운 것은 과거 부하라의 군주들이 살던 성인데도 내세울 만한 유물이 없는 것 같았다. 몽골, 투르크족, 소련 등의 숱한 침략을 받으며 약탈과 파괴로 보물을 잃었기 때문일 것이다. 그래도 남아있는 유적을 보며 부하라가 누렸던 황금기의 번영과 수준 높은 문화를 상상할 수 있었다.

28日 비단길의 풍요로움, 히바

히바의 골목길을 걷고 또 걸었다

　부하라에서 히바까지 버스로 이동했다. 오전 8시에 출발해 오후 3시경에 히바에 도착했으니 7시간이나 걸린 셈이다. 긴 시간을 버스 안에서 창밖 풍경을 바라보며 갔으니 지루할 것 같지만 결코 그렇지 않았다. 변화하는 바깥 풍경과 히바가 이번 여행의 마지막 도시라 생각하니 하나라도 더 눈에 담고 싶었다.

　부하라 시내를 통과하는데 태극기와 우즈베키스탄 국기가 나란히 붙어 있는 병원이 보였다. 바로 관절과 척추 분야를 치료하는 곳으로 유명한 힘찬병원이었다. 2019년 개원했는데 한국 의료 시스템 그대로 도입해 의술을 전수하는 한국과 우즈베키스탄의 협력병원으로 현재 한국인 의사도 근무 중이다. 우즈베키스탄에서 만나는 현지 사람들은 한국에 대해 좋은 이미지를 갖고 있다는 느낌을 받았다. 한국에 들어와 일해 돈을 벌어 집을 사거나 사업장을 만든 사람들은 한국을 고마운 나라로 여긴다. 거리에서 학생들을 만나면 한국어로 인사하고 반갑게 말을 걸어온 적이 많았다. 힘찬병원 역시 아픈 사람들을 치료하고 한국의 의술을 가르쳐 주며 한국의 이미지를 높이고 있으니 괜히 뿌듯했다.

사막의 젖줄, 아무다리야강

부하라를 벗어난 지 1시간 정도 되자 사막이 나타났다. 황토색 거친 황량한 들판이 계속 이어졌다. 막힘없이 트인 지평선 끝 하늘과 맞닿은 곳에서 구름이 피어올라 하늘을 덮는 모습도 장관이었다. 그 가운데 곧게 뻗은 도로 위로 자동차들이 간간이 달렸다. 자동차를 싣고 가는 화물 트럭도 보이고, 꽁꽁 묶은 짐을 지붕에 싣고 달리는 자동차도 있었다.

3시간이 넘게 버스는 달리는데 창밖으로 이어지는 사막 풍경은 여전했다. 사막에 나무를 심고 모래바람을 막는 발을 쳐 놓아 나무가 잘 자랄 수 있도록 해 놓았다. 그러다 갑자기 푸른빛이 보였다. 사막에 오아시스인가? 했는데 강이 흐르고 있었다. 메마른 땅에 푸른 강이 흐르는 모습은 마음까지 청량하게 뚫어 주었다.

그 강은 파미르고원에서 발원해 아랄해로 들어간다는 아무다리야강 줄기였다. 강을 넘어서자 풍경이 달라지기 시작했다. 추수가 끝난 밭과 노랗게 단풍 든 나무, 아직도 초록인 농작물과 과일나무, 하얀 눈이 덮인 것 같은 목화밭이 끝없이 펼쳐졌다. 중간에 화장실

사막에 흐르는 아무다리야강 줄기

이 있는 휴게시설에 잠시 내렸더니 바로 목화밭이었다. 히바는 남쪽에 있는 도시라 면화 재배지가 더 많아 보였다. 히바 시내가 가까워지면서 이슬람식 공동묘지가 넓게 펼쳐지는 모습도 장관이었다.

비단길의 풍요로움을 간직한 히바

오후 3시 히바에 도착했다. 히바는 우즈베키스탄의 서부, 호라즘주 남부에 있는 도시다. 카펫과 면제품 생산지로 유명하고 역사가 살아 숨 쉬는 도시로서 손꼽힌다. 히바는 2중 성벽으로 둘러싸여 있다. 과거 조선시대 사대문 안쪽, 즉 도심 내부만을 한양이라 부른 것처럼 히바의 내성을 이찬칼라라고 부른다. 외성은 2030년까지 복원할 예정이라 한다. 모두 4개의 성문이 있는 이찬칼라로 들어가려면 입구에서 입장권을 구입한다. 2일간 관람할 수 있는 통합 입

히바의 내성 이찬칼라

장권으로 여러 군데 유적지를 볼 수 있다. 단 성벽 위로 올라가려면 따로 입장권을 구입해야 한다.

   과거와 현재가 공존하는 듯한 도시 히바, 성곽 안쪽의 도시는 마치 영화세트장처럼 온통 흙집이다. 나무가 부족한 지역이라 전통적으로 흙을 이용해 지었다고 한다. 지금부터 1000여년 전 이곳은 실크로드의 풍요로움을 누렸던 호라즘 왕국의 수도였다. 놀라운 치수 능력이 있던 히바인은 건조한 모래땅을 일궈 가축을 키우고 과일을 재배했다. 몽골과 티무르 제국의 침략으로 번영과 쇠락을 거듭하다 1920년 러시아의 보호국이 되면서 왕조의 대는 끊겼다. 그래도 아름다운 히바성은 여전히 그 모습을 간직하고 있어 성 전체가 유네스코 유형문화유산으로 등재됐다.

히바에서 만난 사람들

사막을 건너던 실크로드 대상들이 잠시 쉬어가던 마을 오아시스 히바, 그 풍요로운 골목길을 걸었다. 첫날에는 성안 분위기만 살피겠다는 마음으로 사람들의 삶을 관찰했다. 주로 공예품을 파는 사람들이 많았다. 손님을 기다리는 시간에도 쉬지 않고 뜨개질하고 부지런히 손을 움직여 뭔가를 만들어 내는 모습이 인상 깊었다. 히바에 가면 인형극을 볼 수 있다더니 인형을 만드는 장인을 만날 수 있었다. 직접 만든 인형을 움직이며 연기까지 해 주는 유쾌한 분이었다. 화덕에서 빵을 굽는 여인도 있었고 개구쟁이 아이들은 나무에 매달려 대추를 땄다. 그 아이들이 주는 대추를 먹으며 히바의 골목을 즐겼다.

저녁나절 마실 나온 할머니들과 함께 사진도 찍었다. 할머니들이 다정한 표정으로 반갑게 손을 잡아 주어 따스했다. 할머니 중 한 분은 활짝 웃었는데 입안에 금니가 번쩍거렸다. 예전에 우즈베키스탄의 여인들은 금니를 하는 것이 미의 표상이고 고귀한 사람임을 나타내는 표시였다더니 할머니도 젊었을 때 고우셨을 것 같다.

더운 날씨에도 털이 복슬복슬한 겨울 모자를 팔고 있는 모습도 인상 깊었다. 양가죽과 양털로 만든 우즈베키스탄의 전통모자 '추기르마'는 엄청 커서 방석으로도 사용해도 될 것 같았다. 이 모자는 힘과 권위를 상징하기에 지위가 높을수록 검은색 모자를 썼다고 한다. 또한 전쟁 중에는 머리를 보호하는 역할도 했단다. 이 모자를

히바 인형을 파는 장인. 우즈베키스탄의 전통모자 추기르마를 파는 상인. 히바 골목에서 만난 할머니들

쓰고 사진을 찍어 봤는데 무겁기도 하고 털이 눈 앞을 가려 답답했다. 하지만 이곳에서 모자는 겨울 추위와 여름에는 더위를 막아 주는 필수품이다. 그래서 한여름에도 털모자가 팔리고 있었다.

히바의 기념품 가게에서는 실크로드 길 위를 오갔던 여러 나라 대상의 모습을 그려 놓은 그림이 많았다. 그림을 보면서 대상들이 낙타와 말을 타고 베네치아에서 중국·인도를 오가며 어떻게 그 힘든 여정을 거쳐 왔는지 상상할 수 있었다. 고용주인 대상은 낙타나 코끼리 위 가마에 올라타서 편안히 가고, 하인들은 지친 말과 낙타를 달래며 피곤을 못 이겨 졸기도 하는 익살스러운 그림이 참 정겨웠다.

하바의 골목이 어둠에 잠길 때까지 걷고 걸었다. 빨갛고 고운 해가 사라지고 반짝이는 조명이 켜지면서 히바의 밤은 더 황홀해졌다.

問33 히바에서는 사람이 죽으면 땅을 파서 묻지 못하게 했다는 데, 왜 그랬을까?

이슬람에서는 죽음이 이승과 저승을 연결하는 과정으로 생각한다. 죽은 자를 화장하는 경우 영혼의 안식처가 소멸된다고 생각하기에 반드시 매장해 영혼이 머물 거주공간을 만들어 준다. 무슬림들은 내세에서 영혼과 함께 육신도 부활한다는 믿음을 갖고 있었다. 그런데, 왜? 히바에서는 사람이 죽으면 땅을 파서 묻지 못하게 했을까. 그건 성안에서는 땅에 시신을 묻었을 경우 부패하면서 나

히바 성벽의 무덤

오는 물질이 지하수에 섞이지 않도록 하려는 거였다. 히바처럼 건조하고 무더운 지역에서는 비가 자주 오지 않으니까, 농사를 짓기 위해 지하에 수로를 만들어 두었다. 물이 오염되면 큰일이니까 히바에서는 땅에 매장을 못 하게 하고, 성 위에 별도의 무덤을 만들도록 했다. 그런 이유로 진흙 벽돌로 쌓아 만든 무덤을 성벽 외부에서도 볼 수 있었다.

29日 히바의 푸른 하늘과 이찬칼라

신학교 마드라사, 여성 공간 하렘, 213개 기둥, 미나렛

가하학적 무늬의 푸른 타일로 장식된 마드라사와 미나렛

이찬칼라성은 자유 입장권을 구입해 여유 있게 돌아볼 생각이었다. 통합입장권은 1인당 20만 숨(한화 2만 원)이라 비싼 편인데 19개 볼거리 중 4군데는 별도의 티켓을 끊고 들어가야 했다. 히바의 골목은 미로 같았다. 걷다가 모퉁이를 돌아서면 의외의 장면을 만나기도 했다. 깜짝 놀라 내달리는 고양이, 대문을 열다 시선이 마주치면 반갑게 미소 지어주는 할머니, 열심히 자기 일에 집중하는 사람들. 하늘을 쳐다보니 유난히 더 파란색이었다. 구름 한 점 없이 깨끗한 하늘은 콕 찌르면 푸른 물이 뚝뚝 떨어질 것만 같았다.

히바의 성곽 안쪽 이찬칼라로 부르는 지역에는 궁전과 모스크, 신학교가 들어서 있었다. 지금도 신학교인 마드라사에는 학생들이 공부하고 있었고 대부분의 유적은 박물관이나 상업시설로 활용된다.

칼타 미노르 미나렛

    한때 중앙아시아 최대 신학교였던 무함마드 아민 칸 마드라사는 현재 내부를 개조해 호텔로 사용하고 있다. 정문 상단에 위치한 반원형 공간인 팀파늄은 히바의 전통 디자인으로 장식돼 있었고, 안에 들어가자 교실이었을 공간에 베란다가 설치돼 있어 독특했다. 마드라사 옆에는 미완성이지만 에메랄드 색상의 푸른 칼타 미노르 미나렛이 있었다. 미나렛은 착공 3년 만에 히바 왕국의 왕이 이란에서 전쟁 중 사망했기 때문에 중단됐다. 미나렛을 장식한 마욜리카 타일은 15세기경 이탈리아에서 도자기를 굽던 방식인데 흰 바탕에 여러 가지 그림물감으로 무늬를 그린 것이 특징이다. 미나렛을 배경으로 사진을 찍거나 그림을 그리는 사람들도 많았는데, 음악을 틀어 놓고 춤을 추면서 영상을 찍는 사람도 있었다. 전통의상을 입고 춤을 추는 모습이라 시선을 끌었다.

여성들의 공간인 하렘, 타슈 하울리 궁전

　여성들의 공간인 하렘, 궁전은 다른 어떤 곳보다 화려하고 구석구석 꽃향기가 나는 것 같았다. '돌 마당'이란 의미의 타슈 하울리 궁전은 왕과 4명의 왕비, 200여 명의 궁녀가 살던 공간이다. 푸른색 타일을 기하학적 디자인으로 배치한 벽면이 목조 장식물과 어울렸다. 색이 바랜 곳은 다시 덧칠해 예전 모습을 상상할 수 있게 복원했다. 하렘에서 여인들은 어떤 꿈을 꾸며 살았을까. 높은 벽과 폐쇄된 정원을 가진 궁전의 하늘은 드넓은 하늘에 비해 좁아 보였다.

여성들의 공간 타슈 하울리 궁전

주마모스크의 신비스러운 213개의 기둥

주마모스크는 중앙아시아에 있는 모스크 중 독특한 곳 중 하나다. 제각기 다른 문양과 코란의 구절로 화려하게 조각된 213개의 나무기둥 때문이다. 빼곡하게 들어서 있는 기둥은 각 지역에 흩어져 있는 이슬람 재력가가 기증한 것이다. 신의 집에 선물을 바친다는 의미로 최고의 장인들이 공들여 만든 예술품이나 마찬가지였다.

10세기경에 세워져 여러 번의 재건을 거쳐 18세기 말경 지금의 모습을 갖췄다는 이곳은 다른 모스크처럼 돔과 아치형 정문이 없다. 대신 섬세하고 정교한 조각과 가운데 천장의 채광창에서 쏟아지는 햇빛은 신의 계시가 내려오는 양 신비롭게 보였다. 기둥들은 모두 중세 호라즘 왕국의 수도에서 가져와서 세운 1000년 이상 된

주마 모스크

느릅나무라 했다. 이 모스크에서 동시에 5,000명이 예배를 드릴 수 있었다니 놀랍지 않은가.

히바에서 가장 높은 이슬람 호자 미나렛

이슬람 호자 마드라사는 현재 히바의 공예 박물관인데, 히바에서 가장 높은 57m 미나렛을 갖고 있다. 45m 지점의 전망대에 서면 멀리 사막이 한눈에 보인다. 미나렛 아랫부분도 넓어서 10명 정도가 손을 맞잡으면 둘레를 감쌀 수 있을 것 같았다. 이곳 역시 따로 입장료를 내고 올라가야 하는데 내부의 나선형 계단을 이용해야 한다. 올라가는 데만도 시간이 30분이나 걸린다.

성안에는 옛 히바인의 삶을 기억하고 보존하기 위해 꾸며놓은 생활예술박물관이 있었다. 생활용품·의료·공예·섬유 등 온갖 유품을 통해 옛 히바인의 삶을 상상해 봤다. 이슬람 종교 지도자나 천문학이나 수학을 발전시킨 학자들을 소개하는 박물관도 다녀왔다. 히바 출신의 세계적인 수학자 '알 호라즈미'는 '영(0)'이라는 숫자 개념을 알아내고 대수학 이론을 정립한 인물이다. 수학 이론인 '알고리즘'이란 말도 그의 이름에서 시작되었다. 영상자료를 통해 당시의 연구 노력을 보며 대단한 학자를 가졌다는 히바인의 자부심을 느낄 수 있었다.

히바의 내성 이찬칼라에서는 사막을 건너는 대상들이 쉬어갔던 풍요로운 흔적을 만났다. 세월이 켜켜이 쌓인 골목길의 풍경 속에

이슬람 호자 미나렛

있다 보면 타임머신을 타고 역사 속으로 들어가는 것 같았다. 히바에 오면 꼭 먹어봐야 한다는 쉬비트오시를 먹었다. 면이 초록색을 띠고 있어 '그린누들'이라고도 하는데 쇠고기나 양고기스튜 소스와 함께 먹을 수 있어 더 맛있었다.

　숙소로 돌아오는 길, 아침에 뜨겁게 떠올랐던 태양이 제 할 일을 다 한 듯 자취를 감추는 시간 히바성에 어둠이 내렸다.

30日 히바의 사막투어

광활한 지평선과 하늘이 맞닿은 사막의 일몰

　현지 여행사가 진행하는 히바의 사막투어를 신청했다. 붉은 모래를 뜻하는 키질쿰 사막에서 고대 호레즘 왕국의 유적을 만날 수 있기 때문이다. 현지 투어 가이드 모라드는 한국어가 능숙치는 않아도 자신이 아는 걸 전하려 애써 주었다. 모라드는 오래전 인천 남동공단 알루미늄 제조업체에서 일을 했었다. 한국에서 만난 사람들이 나누어 준 정과 남대문과 동대문시장의 활기와 다양한 전자제품이 있던 세운상가가 그립다고 했다. 특히 매운 맛 신라면이 생각난다며 자신은 한국의 매운 음식도 좋아한다며 엄지손가락을 추켜세웠다. 김치는 어디에도 없는 최고의 음식이라고 칭찬했다.

　모라드는 역사교사였던 아버지와 어른들에게 들은 이야기를 해 주었다. 히바는 사막을 건너는 대상들이 쉬어가던 오아시스 마을이었다. 히바라는 지명도 '땅에 우물을 파면 나오는 물이 시원하고 맛있다'는 의미에서 나왔다고 한다. 과거 히바에 호레즘 왕국이 있었는데, 호레즘은 '아무다리야강 끝에 있는 곳, 해가 떠오르는 동쪽'과 '낙타가 먹는 풀이 많은 곳'이라는 뜻을 담고 있다. 히바는 여름에 50℃까지 올라 과일 맛이 좋고, 목화 재배에 적격이며, 뽕나무가 많아 실크산업이 발달했다. 쌀농사가 풍년이라 우즈베키스탄 전역에 쌀을 공급하고, 해바라기에서 얻은 씨는 미국에 수출한다.

모라드는 아주 흥미로운 이야기도 전했다. 한국어와 우즈베크어 400~500개가 비슷한 의미와 발음을 갖고 있다는 것이다. 물은 '수', 자르다를 '잘라', 호박을 '고박'으로 부른다며 같은 우랄·알타이어족이라서 그렇다고 했다. 히바에도 겨울인 1~2월에 30cm가량 눈이 내린다고 한다. 히바성을 걷다가 갤러리에 걸린 그림에 눈이 쌓인 풍경이 낯설었는데 이해가 되었다. 히바의 내성 이찬칼라는 노아의 방주 형태로 지었다는 전설을 들려줬다.

모라드의 이야기를 듣다 보니 어느새 사막 한가운데 있는 '악샤쿨호'에 도착했다. 정말 신기했다. 건조한 사막 한가운데 호수가 있다. 1938년 러시아 지배를 받을 때 호수에서 동전을 발굴해 '약샤쿨'이라는 이름을 붙였다고 한다. 사람들은 이곳에서 보트를 타며 여유를 즐기고, 어부들은 호수에서 물고기를 잡고 있었다.

問34 중앙아시아에 암석사막이 많은 이유는?

사막은 비가 거의 내리지 않고 일교차가 큰 지역이다. 습기가 없으니 뜨거운 태양에 빨리 달궈지고 빠르게 식는다. 낮에 40℃ 이상 올라가면 밤에는 10℃ 이하로 뚝 떨어진다. 사막에 모래와 자갈이 많은 이유가 바로 일교차 때문이다. 밤에는 차가운 얼음덩어리처럼 저온인데, 해가 뜨면 뜨겁게 달아오르니 커다란 바위도 쉽게 깨지고 쪼개진다. 우리가 알고 있는 대표 사막인 사하라사막의 약 80%, 아라비아 사막의 약 70%가 암석사막이다. 고운 모래사막은 지구에 있는 사막 중 10% 정도에 불과하다. 중앙아시아는 바다로부터 멀리 떨어져 있어 공기 중에 충분한 수분이 공급되지 않으니 비가 적게 와서 암석사막이 생겼다.○

첫 번째 도착한 키질칼라성은 온통 진흙으로 쌓아 올렸는데 그나마 복원 작업을 했다지만 미흡해 보였다. 정상에 오르니 끝을 알 수 없는 깊은 구덩이가 있어 안전에 신경을 써야 했다. 과거 이슬람이 들어오기 전까지 이곳 사람들은 불을 숭배하는 배화교 신앙을 갖고 있었다고 한다. 왜 불을 숭배했을까? 당시 중력을 과학적으로 이해하지 못했을 때인데 불길이 치솟는 데 놀랐고 활활 타오는 불길이 모든 걸 삼켜 버리니 불을 경외하고 두려워했을 것 같다. 어디 그뿐인가 불은 또 모든 것을 탄생시키는 원동력이다.

두 번째 갔던 토프라칼라성 역시 마찬가지였다. 정부는 2000년 전 축조된 성에 관심을 놓지 않았겠지만 보존 관리가 안 되어서 안타까웠다. 어디선가 사람들의 숨소리가 들려올 것만 같았다. 그 옛

키질칼라성

날 이곳에서 어린아이들이 뛰놀고, 청춘 남녀가 사랑하고, 아낙네들은 빵을 굽고, 남자들은 토성을 쌓았을 것이다. 수천 년 세월이 흐르는 동안 모래바람은 그곳에 살던 인간의 삶도 실어 갔나 보다.

  세 번째 찾아간 아이스칼라성은 바람이 많이 부는 곳이라 '바람의 성'이라는 뜻이 있다. 성으로 올라가면서 먼저 올라간 사람들의 수많은 발자국을 보았다. 누군가 먼저 걸어갔던 발자국이 길이 되었다. 그 길을 걸으며 생각했다. 인생길도 그렇다. 먼저 간 이들의 성공과 시행착오가 뒤를 따르는 사람들에게는 나침반이 되기도 한다.

  성으로 올라가는 길, 낯선 동양인의 얼굴이 신기했는지 차도르를 입은 할머니의 손을 잡고 가던 대여섯 살 여자아이가 똥그래진 눈으로 나를 보았다. 내 눈과 마주치자 자신의 눈을 손으로 가리는

아이스칼라성

 모습이 무척 귀여웠다. 할머니도 손녀의 마음을 알았는지 아이를 세워 놓고 나를 부르더니 그 옆에 서라고 했다. 사진 한 장 먼저 찍고 "스파시바!" 고맙다고 인사를 하더니 뒤돌아 산을 내려갔다. 분명 산에 오르는 길이었을 터인데 왜 그냥 돌아갔을까 궁금했다. 현지인에게도 이곳은 오지나 다름없는데 말이다. 아마도 바쁜 일이 있어 일몰 시각이 가까워지니 돌아갔나 보다.

 흘러내리는 모래와 흙을 밟으며 정상에 올랐다. 2000년 전 진흙으로 쌓은 고성의 흔적은 차곡차곡 쌓인 세월의 퇴적층을 품고 있었다. 모라드 말로는 과거 성을 쌓을 때 동원된 사람들은 하루 1m씩 흙을 올려야 맡은 일을 다한 것으로 인정받았다고 한다.

 2세기 쿠샨왕조 시대에 조성됐다는 이 성은 내부가 상당히 넓었다. 바람과 비와 눈, 세월에 깎이고 허물어진 흔적은 마치 외계의 행성 어디인 듯 황량했다. 그래도 정상에서 내려다보니 사방 지평선이 눈에 들어와 가슴이 탁 트였다. 놀라운 것은 과거 성 주변의 넓은 사막은 강이었다는데 지금은 말라서 사람이 살 수 없는 곳이 되었다. 물줄기가 마르면서 사람들은 이곳을 떠나기 시작했고 지금은 폐허로 남았다. 그 시절의 역사와 사람들의 삶을 생각해 보니 인생무상, 모든 것은 변하고 영원한 것은 없다는 생각이 든다.

오후 6시 20분 지평선 너머로 해가 지기 시작했다. 서서히 얼굴을 감추려는 붉은 햇덩이가 마지막 황금빛을 뿜어냈다. 그리고 꼴깍 지평선 아래로 잠겨 버린 해의 붉은 여운이 이어졌다. 그 빛깔에 취해 있다 뒤를 돌아보았다. 광활한 지평선과 하늘이 맞닿은 곳에 분홍빛과 연한 푸른색이 파스텔톤으로 섞여 아름다운 하늘을 가득 채우고 있었다. 인간의 재주로는 만들 수 없는 자연의 색이었다.

일몰을 보고 아이스칼라성을 내려와 숙소로 향하는 버스를 탔다. 차창 밖으로 붉은 일몰의 여운이 계속 따라왔다. 그동안의 여정과 그리운 기억도 곁에 앉았다. 괜히 울컥했다. 이곳까지 올 수 있었던 나를 다독이며 감사한 마음으로 일몰의 여운과 헤어졌다.

히바에서 우르겐치 공항으로 가서 비행기를 타고 타슈켄트로 이동했다. 비행시간으로 1시간 정도지만 육로로는 우리나라 제주도에서 백두산 가는 거리쯤이다. 다시 인천공항으로 출발하는 비행기를 기다리며 지난 한 달여간 카라코람 하이웨이 실크로드를 여

사막의 일몰

행하며 광활한 대자연과 하나 되어 다녔던 시간을 떠올려 보았다.

　여행을 뜻하는 영어 단어 'travel'은 고생을 뜻하는 'travail'에서 유래했다. 집 떠나면 개고생이라는 우스갯소리가 있는 것처럼 여행자는 위험을 선택한 사람이다. 아무것도 하지 않으면 아무 일도 일어나지 않는다. 여행을 떠났기에 눈부시게 다채로운 세상을 생생하게 경험할 수 있었다. 사람 사는 곳 어디에나 있는 고단한 삶에 연민을 느끼고 희망을 품고 성실하게 살아가는 사람들의 미소도 보았다. 뒤돌아보니 길 위에서 만난 사람들의 선한 미소와 친절, 경이로운 자연에서 위로받았던 기억은 따스하다.